ER

D1659472

Veröffentlichungen der Evangelisch-methodistischen Kirche in Deutschland

Das soziale Bekenntnis der Evangelisch-methodistischen Kirche

Geschichte – aktuelle Bedeutung – Impulse für die Gemeinde

Herausgegeben von Lothar Elsner
und Ulrich Jahreiß

Inh. Dr. Reinhilde Ruprecht e.K.

Für die Umschlagsgestaltung wurde das Foto „Netz“ © Christine Müller (www.photocase.de) verwendet.

Die Europäische Kommission unterstützte im Rahmen des Programms »Grundtvig - Bildung und Kultur für lebenslanges Lernen« die Drucklegung des Buchs durch einen namhaften Zuschuss.

Die Deutsche Bibliothek verzeichnet diese Publikation in der Deutschen Nationalbibliografie; detaillierte Daten sind im Internet über http://dnb.ddb.de abrufbar.

© Edition Ruprecht Inh. Dr. R. Ruprecht e.K., Postfach 1716, 37007 Göttingen – 2008
www.edition-ruprecht.de

Alle Rechte vorbehalten. Das Werk einschließlich seiner Teile ist urheberrechtlich geschützt. Jede Verwertung außerhalb der engen Grenzen des Urhebergesetzes bedarf der vorherigen schriftlichen Zustimmung des Verlags. Diese ist auch erforderlich bei einer Nutzung für Lehr- und Unterrichtszwecke nach § 52a UrhG.

Satz: Bildungswerk der EmK
Umschlaggestaltung: klartext GmbH, Göttingen
Druck: buch bücher dd ag, Birkach

ISBN 978-3-7675-7099-3

Geleitwort

Bischöfin Rosemarie Wenner

Wenn wir beschreiben, was uns als Evangelisch-methodistische Kirche kennzeichnet, nennen wir neben der Einladung zum persönlich gestalteten Glauben an Jesus Christus die soziale Verantwortung. Eine der Vorgängerkirchen der Evangelisch-methodistischen Kirche formulierte 1908 erstmals ein Soziales Bekenntnis. In dieser Tradition wurden seit 1972 Soziale Grundsätze erarbeitet und jeweils von den Generalkonferenzen aktualisiert. Sie sind Teil der Verfassung, Lehre und Ordnung der Evangelisch-methodistischen Kirche. Als Evangelisch-methodistische Kirche in Deutschland entdecken wir gegenwärtig den Schatz und die Verpflichtung dieses Erbes. Wir nehmen den 100 jährigen Jahrestag der erstmaligen Verabschiedung des Sozialen Bekenntnisses zum Anlass, um uns über aktuelle Herausforderungen für Christen in sozialer Verantwortung zu verständigen. Dazu leistet das vorliegende Buch mit seinen unterschiedlichen Beiträgen einen wichtigen Beitrag. Es ist eine lohneswerte Lektüre für Einzelne und es bietet Anregungen für Gespräche in Hauskreisen, Gemeindeseminaren etc. Vor allem aber fordert es heraus, sozial tätig zu werden. Denn die Sozialen Grundsätze sind kein Dogma, sondern Verpflichtung zum Handeln, um diese Welt nach dem Willen Gottes mit zu gestalten. So wünsche ich diesem Buch eine weite Verbreitung und ich danke allen, die an seiner Entstehung mitwirkten.

Frankfurt, im April 2008

Vorwort

Ulrich Jahreiß / Lothar Elsner

Wir feiern als Evangelisch-methodistische Kirche die 100. Wiederkehr der ersten Veröffentlichung eines Dokuments, das für unsre Kirche charakteristisch ist: Das Soziale Bekenntnis der Bischöflichen Methodistenkirche von 1908.

Wäre da nicht die Überschrift und der letzte Satz, man könnte das Ganze für einen flammenden gewerkschaftlichen Appell halten. Aber gerade dieser letzte Satz mit der Aufforderung, die Goldene Regel und die Gesinnung Christi als höchstes Gesetz in der Gesellschaft anzuerkennen, bindet alle Aussagen dieses Bekenntnisses ein in unser methodistisches Verständnis des Evangeliums, das allen Menschen Heil und Wohl anbietet.

Wir feiern dieses Jubiläum nicht als kirchliche Selbstbestätigung, vielmehr wollen wir derer dankbar gedenken, die vor uns Jesus Christus nachgefolgt sind; und wir wollen es zum Anlass nehmen, uns darauf zu besinnen, was Jesus Christus uns zutraut und was er von uns heute erwartet.

Die vorliegende Veröffentlichung dient dazu, Hintergründe von Vergangenem zu erforschen und unsere Herzen und unseren Verstand anzuregen, zukünftiges soziales Handeln in unserer Kirche vorzubereiten und in konkretes Handeln zu überführen.

Aus dem Auftaktseminar im November 2007 mit dem Thema „Warum hat die EmK Soziale Grundsätze und was machen wir damit?“ stammen die ersten vier der vorliegenden Beiträge:

Manfred Marquardt geht unser Jubiläumsthema theologisch an, indem er biblische Leitlinien und Wesleys Theologie und Praxis herausarbeitet und damit die innere Verknüpfung von Glauben und Handeln aufzeigt.

Ulrike Schuler taucht tief ein in die Geschichte unserer Sozialen Grundsätze. Sie beschreibt ihre sozialgeschichtliche Einbettung, aus der diese erwachsen sind, und wie diese weiter entwickelt wurden.

Mit einem persönlichen Zeugnis gibt *Christine Guse* Einblicke in ihre Erfahrung mit den Sozialen Grundsätzen.

Martin Roth zeigt die Schwierigkeiten auf, die sich ergeben, wenn die Sozialen Grundsätze aus dem nordamerikanischen Kontext in die Wirklichkeit sehr verschieden geprägter Länder in Europa „übersetzt" werden.

Dieser Aspekt prägt auch ein schon „historisches" Dokument unserer EmK aus der Zeit der DDR: Wie können die Sozialen Grundsätze in einer politisch, sozial und wirtschaftlich nicht vom Kapitalismus geprägten Umwelt verstanden und praktiziert werden? *Carl Ordnung* hat die neuerliche Veröffentlichung genehmigt.

Ulrich Jahreiß versucht aus dem inneren Zusammenhang von evangelistischem und sozialem Handeln in unserer Kirche Schlüsse zu ziehen, wie unser methodistisches Missionsverständnis heute aussehen müsste, damit Menschen Jesus Christus und sein Evangelium umfassend erfahren.

Von der Generalkonferenz 2008 wurde zur Ergänzung des Sozialen Bekenntnis ein liturgischer Text beschlossen, der auch singbar ist. Damit wird deutlich, dass die sozialen und politischen Fragen in die Gottesdienste unserer Kirche gehören. *Hartmut Handt* steuert einen Vorschlag für einen Gemeindegottesdienst bei mit vielen, auch alternativen, Bausteinen.

Lothar Elsner stellt didaktische Überlegungen an und gibt Anregungen, wie mit den Sozialen Grundsätzen in Gemeindeveranstaltungen praktisch gearbeitet werden kann.

Den Abschluss bilden historische und aktuelle Dokumente:

- das Soziale Bekenntnis der Bischöflichen Methodistenkirche von 1908,
- die „Soziale Erklärung des Weltrats methodistischer Kirchen" von 1986,
- ein Inhaltsverzeichnis der heute gültigen Sozialen Grundsätze (der ganze Text steht im Internet unter *www.emk.de/emk_soziale_bekenntnisse.html*)
- das heute gültige Soziale Bekenntnis
- der von der Generalkonferenz 2008 beschlossene Liturgische Text

Unser Wunsch ist, dass die Menschen in unseren Gemeinden mit neuer Freude unsere Sozialen Grundsätze und das Soziale Bekenntnis studieren und zu persönlichen Entscheidungen finden, wie sie ihr Leben in der Nachfolge Jesu Christi in ihrer Welt gestalten wollen.

Nürnberg / Stuttgart, im Mai 2008

Inhalt

Methodistisch-theologisches Verständnis der sozialen Dimension des Evangeliums

Manfred Marquardt

1 Die Dimension des Sozialen im Methodismus

Dem Methodismus ist die soziale Dimension christlicher Existenz seit seinen Anfängen eingeprägt. Methodisten wissen: Es gibt kein Christsein ohne Heiligung und keine Heiligung ohne die soziale Dimension. Und dies in doppelter Hinsicht: als gemeinschaftliche *Verbundenheit im Glauben* und als soziale *Verantwortung in der Liebe*.

Diese ursprünglichen Identitätsmerkmale der evangelisch-methodistischen Tradition prägen an vielen Orten noch das Bewusstsein und die Praxis der Gemeinden und Werke. Sie lebendig zu halten ist eine wichtige Aufgabe aller Verantwortungsträger unserer Kirche.

Ebenso wichtig ist es jedoch, sie wieder erkennbar werden zu lassen, wo sie durch andere, dem Methodismus fremde Entwicklungen – etwa durch dogmatische Rechthaberei, durch allein binnen- oder jenseitsorientierte Frömmigkeit, durch moralische Engführung der Verhaltensnormen oder rückgratlose Anpassung an modische Entwicklungen in Gesellschaft und Kirchen – überdeckt worden sind.

Angesichts solcher Entfremdungen von unseren Anfängen ist es an der Zeit, unsere Kirche mit der sozialen Dimension des Evangeliums zu konfrontieren und die eigene Tradition wieder bewusst zu machen. Dabei soll klar sein: Tradition würdigen heißt nicht, die Asche bewahren, sondern die Flamme weitertragen.

2 Die soziale Dimension des Evangeliums

Die soziale Dimension des Evangeliums muss Grundlage evangelisch-methodistischer Theologie und Praxis sein, weil sie *nicht* ins Neue Testament *eingetragen* zu werden braucht, sondern in ihm *durchgehend zu finden* ist.

2.1 Keine Angst vor guten Werken

Im reformatorischen Kampf um die rechte Unterscheidung von Gesetz und Evangelium sowie von Gottes Handeln und menschlichem Handeln haben Luther und seine Mitstreiter die paulinische Rechtfertigungslehre durch die Exklusivpartikel *allein* geschärft und als Schlüssel zum evangeliumsgemäßen Verständnis der biblischen Wahrheit angewandt.

Auch für evangelisch-methodistische Theologie und Lehre gilt:

- Allein Gottes *Gnade* als die uns zugewandte Liebe Gottes befreit und erneuert den Menschen. Sie ist an keine menschliche, d.h. von Menschen zu erbringende, Leistung oder zu erfüllende Bedingung geknüpft.
- Die befreiende und erneuernde Kraft der Gnade Gottes wird nur im Vertrauen auf Gott empfangen, der den Glauben in uns weckt und uns in ihm erhält. Gute Werke als Erfüllung der Gesetzesforderung können uns nicht vor Gott gerecht machen; vielmehr schenkt Gott uns die Gerechtigkeit, die vor ihm gilt und die der sündige Mensch nicht erwerben kann.
- Der Mensch hat allein durch Christus und um Christi willen Anteil am Heil Gottes. Durch Christus ist er bereits der neue Mensch, zu dem er sich selbst nicht machen konnte und nicht machen kann.
- Allein durch die *Schrift,* d.h. durch die Sammlung der biblischen Schriften, in denen das Zeugnis der Offenbarung Gottes in Christus festgehalten ist, hören wir das Evangelium als Kraft zum Glauben und Maßstab des christlichen Lebens. Alle weiteren Entfaltungen christlicher Lehre sind an ihr zu messen, für keine kann ohne die Begründbarkeit in der Heiligen Schrift ein Geltungsanspruch in der Kirche erhoben werden.

Diese Rechtfertigungslehre ist Bestandteil der Theologie Wesleys, sie erhält aber im veränderten Kontext der beginnenden Neuzeit eine neue Akzentuierung. Der lebendige Glaube ist niemals „bloßer“ Glaube, „Glaube für sich allein“. Luther selbst weiß und sagt in seiner Vorrede zum Römerbrief, dass der Glaube, der *allein gerecht macht,* auch *den Geist und Lust bringt zu guten äußerlichen Werken.* Während aus dem Unglauben die bösen Werke erwachsen, so bringt der Glaube die guten Werke als Früchte hervor. Der *lebendige Glaube* macht gute Werke nicht überflüssig, sondern befähigt zu ihnen und kann ohne sie nicht sein.

Das Evangelium steht nicht gegen das Gesetz, vielmehr macht es Gottes ursprünglichen Willen auch für das menschliche Handeln wieder erkennbar.

Das gilt zunächst einmal für den wesentlichen Zusammenhang von Glauben und Handeln. Jesus beschreibt den Weg des Lebens mit dem Gebot, dessen Grundgestalt wir schon im Alten Testament (Lev 19, 18) finden: „*Du sollst den Herrn, deinen Gott, lieben mit deinem ganzen Herzen und mit deiner ganzen Seele und mit all deiner Kraft und mit deinem ganzen Verstand, und deinen Nächsten wie dich selbst.*" (Luk 10, 27, Züricher Bibel) Diese Liebe hat in der Liebe Gottes ihren Ursprung und soll im Leben der Glaubenden sichtbar werden. Paulus nennt das mit einem kurzen und prägnanten Ausdruck: „*Glauben, der sich durch die Liebe als wirksam erweist*" (Gal 5,6, Züricher Bibel) – eines der Lieblingsworte Wesleys.

Und niemand sage, er wisse nicht, wie das gehe. Wer sich von Gott geliebt weiß, seine fünf Sinne und seinen Verstand gebraucht, wird damit in der Regel wenig Mühe haben. Ganz ohne Mühe geht es freilich nicht. Jakobus erzählt von dem Mann, der sich im Spiegel anschaut und nach dem Weggehen schon bald nicht mehr weiß, wie er aussieht. Wer nur flüchtig hinschaut, sieht nicht genug. „*Wer aber hindurch schaut in das vollkommene Gesetz der Freiheit und an ihm festhält, wer es nicht nur hört, um es wieder zu vergessen, sondern danach handelt, der wird durch sein Tun selig sein.*" (Jak 1,25) Der paradoxe Ausdruck „Gesetz der Freiheit", der so nur bei Jakobus vorkommt, lädt zum Nachdenken ein und zur Dankbarkeit dafür, dass das Gesetz Christi nicht verurteilt, sondern im Licht des Evangeliums Wege in die Gestaltung und Bewahrung der geschenkten Freiheit weist.

2.2 Das soziale Evangelium in veränderten Kontexten

Das Evangelium ist seiner Natur nach eine lebendige Botschaft. Es ist die durch das geschriebene Wort der Bibel hörbar werdende Stimme Gottes. Sie wird in einer neuen Zeit und Welt neu hörbar. Das Evangelium bleibt einerseits dasselbe durch die Zeiten, selbst wenn die Kontexte sich tiefgehend verändern. Andererseits darf es nicht zu einer religiösen Formel erstarren, sondern ist in den veränderten Kontexten unserer Lebenswelt neu zu hören und zu proklamieren. Es ist den Menschen so zu vermitteln, dass seine befreiende und erneuernde Botschaft hörbar wird. Darin lag die einzigartige

Vollmacht Jesu, dass er mit seiner einfachen Botschaft von Gottes befreiender und heilender Nähe und seinem ihr entsprechenden Verhalten die Menschen erreichte und sie diese Nähe erfahren ließ.

2.2.1 Das Studium unserer Lebenswelten

Es ist darum die zentrale Aufgabe der Kirche und ihrer Glieder, das Evangelium in unserer Zeit hörbar, sichtbar, erfahrbar werden zu lassen, damit es Herz und Sinn der Menschen erreicht. Damit wird dem Heiligen Geist nicht abgenommen, was nur er tun kann: das Evangelium in den Menschen wirksam werden zu lassen. Doch die *uns* aufgetragene und vorrangige Arbeit zu verweigern, uns stattdessen mit zweit- und drittrangigen Angelegenheiten zu beschäftigen, bedeutet, den Auftrag Jesu liegen zu lassen, den er seinen Jüngerinnen und Jüngern gegeben hat.

Die Aufgabe einer kritischen Durchsicht unserer kirchlichen Schwerpunktsetzungen kann gewiss nicht ohne ein neues Lesen und Studieren biblischer Aussagen erfüllt werden. Sie muss jedoch auch das Studium der Lebenswelt der Menschen wie die Frage nach der glaubwürdigen Verkündigung des Evangeliums in Wort und Tat mit einschließen. Die Leitfrage lautet: In welchem Kontext leben die Menschen, und wie kann Gottes Liebe sie erreichen? Wir müssen beides zusammen sehen: Gottes Einladung und wie wir sie überbringen einerseits, und die Lebenswelt, in der sie als Einladung gehört und als wichtig erkannt werden soll, andererseits.

Diese Durchsicht kann angesichts vielfach verschiedener und schnell wechselnder Kontexte nicht ein für allemal durchgeführt werden, sie bleibt eine aktuelle Aufgabe in allen Gemeinden, Werken und Institutionen der Kirche.

2.2.2 Religiöser Pluralismus und kleiner werdende Kirchen

Das staatskirchlich organisierte Christentum gehört der Vergangenheit an. In Deutschland merkt man das später als anderswo, aber jetzt liegt es auch hier zutage. Kirchengebäude werden verkauft, Pfarrstellen gestrichen, man konzentriert sich aufs „Kerngeschäft“, streitet manchmal noch um Besitzstände. Auch die Freikirchen, die immer schon sparsamer haben wirtschaften müssen, bleiben von dieser Entwicklung nicht verschont. Und das in einer Zeit, in der wir den Herausforderungen einer individualistischen Religiosität, eines scheinbar selbstverständlichen Atheismus und einer wachsenden Zahl von Mitbürgern anderen Glaubens begegnen.

Dieser Rückgang der Ressourcen braucht nicht zu einer Verarmung des Christlichen in unserem Lande zu führen. Die Besinnung auf den zentralen Auftrag schadet den Kirchen nicht. Gemeinden, die angefangen haben, dies zu tun, erfahren oft eine Belebung und einen neuen Aufbruch. Wo sie gemeinsam auf Christus hören, lässt der Streit um Zweit- und Drittrangiges nach. Wenn sie wieder lernen, auf das Entscheidende zu achten – das Evangelium von der rettenden und erneuernden Liebe Gottes – werden Gaben und Kräfte nicht für Rivalitäten oder Erbsenzählereien vergeudet. Dann wird unter dem Segen Gottes der Mehltopf nicht leer und der Ölkrug versiegt nicht (1 Kön 17); vielleicht werden sogar fünftausend Menschen von fünf Broten und zwei Fischen satt (Mk 6). Die Ökonomie Gottes hat andere Gesetze als die der Märkte.

Die Begegnung mit Nichtglaubenden oder mit Gläubigen anderer Religionen braucht Christen nicht zu ängstigen. Jesus, der aus der gemischtreligiösen Provinz Galiläa kam und dort zu Hause war, hat sich ohne Scheu unter Menschen anderen Glaubens bewegt. Die Provinz Galiläa (hebräisch *galil hagojim* = Bezirk der Heiden; Jes 8,23) war auch zur Zeit Jesu zwar mehrheitlich jüdisch, aber mit zahlreichen nichtjüdischen Bewohnern durchsetzt, außerdem von großen Handelsstraßen durchzogen und darum fremdreligiösen Einflüssen viel stärker ausgesetzt als das judäische Jerusalem und sein Umland. Der Auferstandene bestellt seine Jünger nicht nach Jerusalem, sondern schickt sie nach Galiläa. *„Fürchtet euch nicht!“*, sagt er zu den Frauen am Ostermorgen. *„Geht und sagt meinen Brüdern, sie sollen nach Galiläa gehen, und dort werden sie mich sehen“* (Mt 28).

Auch die nicht oder anders glaubenden Menschen in unserem Land sind Gottes Geschöpfe und zu seinem Ebenbild geschaffen. Das muss uns klar bleiben, wenn wir fremden Menschen begegnen, und unser Verhalten bestimmen. Das wird in dem Respekt erkennbar, der Rücksicht aus uneigennütziger Liebe, die das Wohl auch dieses Nächsten im Blick hat. In solchem Respekt ist der Glaube des Anderen mit eingeschlossen. Muslime oder Buddhisten als Nachbarn zu haben, ist für viele Christen in anderen Ländern eine alltägliche Erfahrung. Sie haben gelernt, in Frieden und guter

Nachbarschaft mit ihnen zu leben. Das Glaubenszeugnis der Christen vollzieht sich dort eher durch ihren Lebensstil, ihren liebevollen Umgang miteinander sowie den Einsatz für Bedürftige und religiös Ausgegrenzte, auch als gegenseitige Gastfreundschaft an hohen religiösen Feiertagen. Das heißt nicht, den Menschen das Zeugnis von Jesus als dem Sohn Gottes schuldig zu bleiben; aber die Sprache und die Art dieses Zeugnisses werden anders – einfacher, persönlicher, geduldiger, vielfältiger und rücksichtsvoller – sein müssen als dort, wo wir mit dem Einverständnis Gleichgesinnter rechnen können.

2.2.3 Die „Mobilität" Jesu

Das Neue Testament kennt – im Unterschied zur prophetischen Predigt des Alten Testaments – keine grundsätzliche Kritik an Verhältnissen und Strukturen, die durch Unrecht entstehen und Unrecht hervorbringen. Aber der Umgang Jesu mit religiös wie gesellschaftlich Ausgegrenzten und hoffnungslos Leidenden zeigt ein neues Denken: Die Ordnungen sind um der Menschen willen da und nicht die Menschen um der Ordnungen willen. Erst kommt der Mensch und dann das Gesetz, das gilt sogar für den Sabbat. (Heute müssten wir sagen: Der Sonntag ist um der Menschen willen gegeben, und darum muss er geschützt werden.) Jesus richtet den Blick auf die Menschen, er empfindet mit ihnen, er fragt sie nach ihrer Sehnsucht und ihrem Verlangen, er beugt sich zu den Kindern und wendet sich den Aussätzigen zu, berührt den Blinden, heilt den ohne Hilfe zurückgelassenen Kranken, gibt der trauernden Mutter ihren Sohn zurück, lässt sich den Dienst einer verachteten Frau gefallen. Jesus zieht es über alle Abgrenzungen hinweg zu den Menschen.

Diese Mobilität des Geistes und der Liebe des Vaters setzt sich fort in der Relativierung aller zwischenmenschlichen Abgrenzungen durch Status, Geschlecht, religiöse oder nationale Herkunft in der Gemeinschaft der Kinder Gottes, die durch Christus Glieder eines Körpers geworden sind. „Es gibt nicht mehr Juden und Griechen, nicht Sklaven und Freie, nicht Mann und Frau; denn ihr alle seid «einer» in Christus Jesus." (Gal 3, 28)

Diese unbefangene Mobilität der Liebe ist Merkmal einer neuen Ordnung, die in der Gemeinde Jesu gilt. Die Verkündigung der ungeteilten und voraussetzungslosen Liebe Gottes zu allen Menschen markiert durch Worte, Einstellungen und Taten den Beginn der Gottesherrschaft in der Zeit, die

Ankunft einer neuen anderen Welt in der unseren. Das Potential dieser neuen Geschichte Gottes mit den Menschen gilt es auszuschöpfen, wenn wir danach fragen, wofür wir angesichts von Unrecht und Zerstörung, Hunger und vorzeitigem Tod eintreten und arbeiten wollen. An Jesus Glaubende können eigentlich nur sagen: Wir wollen uns nicht abfinden mit einer Mobilität, die andere Menschen hoffnungslos zurücklässt. Wir wollen keine Ordnung akzeptieren, die Schwache und Behinderte, schlecht Ausgebildete und Menschen aus fremden Ländern keine Chancen mehr lässt. Wir wollen an der Beglaubigung des Evangeliums in unserem Lebensbereich mitarbeiten. Wir wollen apokalyptische Schreckensvisionen, mit denen fundamentalistische Politiker ihre Kriege zu rechtfertigen versuchen, oder resignierende Ergebung in angeblich unabwendbare globale Entwicklungen nicht akzeptieren. Wir tragen die Vision einer anderen Welt im Herzen, die aus der neuschaffenden Liebe Gottes entsteht.

3 Die soziale Gestalt evangelisch - methodistischen Christseins

Wie ist John Wesley dazu gekommen, diese soziale Dimension des Evangeliums neu zu entdecken, in ihrer zentralen Bedeutung für das christliche Leben wahrzunehmen und in seinem Leben und Dienst umzusetzen?

3.1 Die Bildung von Gemeinschaften und Gruppen

Anders als George Whitefield, der wohl der berühmtere und erfolgreichere Evangelist gewesen ist, wollte Wesley die Erweckten und Bekehrten nicht sich selbst überlassen. Zu oft hatte er beobachtet, wie schnell die auf sich gestellten Menschen mit der Gestaltung eines Lebens in der Nachfolge Jesu überfordert waren und wieder in alte Denk- und Verhaltensweisen zurückfielen. Er wollte kein „Seil aus Sand knüpfen", das sofort wieder zerfiel; darum übernahm er das in England und Deutschland schon bekannte Modell der *Gemeinschaften* und gab ihm eine für die methodistische Bewegung geeignete Struktur.

Das gilt auch für die Klassen, die er bei den Herrnhutern kennen gelernt hatte. Was zunächst als überschaubare Gruppe für die Sammlung des Penny entstand, wurde sehr bald eine sich wöchentlich treffende Seelsorgegruppe unter der Leitung und Verantwortung einer im Glauben schon gefestigten

Person. Seelsorger war nicht nur der Klassenleiter (nicht selten eine Frau), Seelsorger waren die Gruppenmitglieder auch füreinander, indem sie in Liebe aufeinander achteten, wie ihr geistliches Leben sich in Schwierigkeiten und guten Erfahrungen gestaltete und wie sie einander Hilfestellung im Glauben und in der Heiligung geben konnten.

Diese Gruppen waren wichtig nicht nur für ihre Mitglieder und die größere Gemeinschaft, zu der sie gehörten, sondern auch als Basisgruppen für die Wahrnehmung sozialer Aufgaben in der Armenhilfe, der Bildungsarbeit, der Gefängnisarbeit und der Fürsorge für die reisenden Prediger der jungen methodistischen Bewegung.

Der Zusammenhalt der Gruppenmitglieder entstand nicht nur durch die geistliche Gemeinschaft, sondern auch durch die Übernahme kleiner sozialer Verpflichtungen für Menschen innerhalb und außerhalb der Gemeinschaften. Umgekehrt gaben das gemeinsame geistliche Leben und die Teilnahme an gottesdienstlichen Veranstaltungen ihnen die Kraft und innere Ausrichtung für den sozialen Dienst, den sie nach ihren Möglichkeiten und Begabungen übernahmen.

3.2 Die soziale Verantwortung als Teil christlicher Existenz

John Wesley war kein Revolutionär, der die Verhältnisse in Staat und Kirche auf den Kopf stellen wollte. Er war vielmehr ein eher konservativer, aber lernfähiger, zum Umdenken und Reformieren bereiter anglikanischer Pfarrer. Er wollte am liebsten den *alten Glauben*, die urchristliche und frühkirchliche Überlieferung, wieder beleben, weil er in ihr die Nähe zu Jesus und seinem Evangelium fand und die einfache christliche Lebensweise als etwas Wertvolles entdeckte. Nicht dass er hätte wiederholen wollen, was damals war; dafür war er ein viel zu gut gebildeter und kluger Mann. Er hatte die Geschichte der Kirche studiert, aber ihm war auch die Situation der Menschen in der Gesellschaft seiner Zeit vertraut, weil er sie auf vielen Predigt- und Visitationsreisen immer besser kennen gelernt hatte.

An drei Beispielen aus seiner sozialen Praxis möchte ich zu zeigen versuchen, wie sich Bewahrung und Erneuerung auf der Basis seiner Lektüre der Bibel und der menschlichen Schicksale ereignet haben. Ich werde dabei die Einzelheiten der zahlreichen Projekte unerwähnt lassen, um mich auf die Frage zu konzentrieren, wie die soziale Dimension des Evangeliums in seiner Praxis und ihrer theoretischen Begründung erkennbar wird. Damit kann das

Vergangene schon Anregung und Vorbild für unser eigenes Nachdenken darüber werden, wie wir die uns begegnenden Herausforderungen entdecken, analysieren und notwendige Konsequenzen für uns ziehen können.

3.2.1 Die Sorge für die Armen

Private und kirchliche Wohltätigkeit hatte schon zur Zeit Wesleys einen festen Platz in der Gesellschaft. Die Armenhilfe war gut organisiert, es gab Armenhäuser und Arbeitshäuser, Fürsorge für Witwen und Waisen und andere Bedürftige. Angesiedelt war diese Armenhilfe in den jeweiligen Heimatbezirken. Wer aber diesen Bereich verließ, etwa um Arbeit in der Stadt zu suchen, fiel damit aus der Armenpflege heraus. Da das System nicht an die neue wirtschaftliche und gesellschaftliche Entwicklung angepasst wurde, waren Hunger und Elend besonders unter der städtischen Bevölkerung unvorstellbar groß.

Als junger Universitätsdozent übernahm Wesley die Leitung einer Gruppe von Studenten in Oxford, die sich als religiöse Gemeinschaft gebildet hatte, wie es sie damals zahlreich im Lande gab. Neben dem Studium und als Teil eines streng geregelten christlichen Lebens kümmerten sie sich auch um arme Familien, Gefangene und Kranke. Sie besuchten sie in ihren Unterkünften, unterrichteten die Kinder und unterstützten sie mit Lebensnotwendigem. Wesley hat diese Sorge für arme Menschen und ihre Familien bis zum Ende seines Lebens durchgehalten. Aber er war zugleich mehr als ein Wohltäter. Nach seiner Erfahrung der geschenkten Annahme durch Gott war es die Gottes- und Nächstenliebe, die ihn zur Wahrnehmung sozialer Verantwortung führte. Die Nächstenliebe sollte „kein vorübergehender Gast“ sein, sondern immer die „Seele erfüllen“. „Achte darauf“, sagte er in einer Predigt (über Römer 15,2), „dass dein Herz zu allen Zeiten und bei allen Gelegenheiten voll aufrichtiger Nächstenliebe ist, – nicht nur zu denen, die dich lieb haben, sondern zu jedem Menschen [...] Sei wie Augen für die Blinden, wie Füße für die Lahmen, wie ein Ehemann für die Witwe und wie ein Vater für die Waisen“ (Wesley-Brevier, S. 310 und 445).

Genau das vermisst er bei vielen, die entweder gar nichts für die Armen übrig haben oder hier und da als Wohltäter aktiv werden. Sie kennen deren kümmerliches Leben nicht. „Ein Hauptgrund dafür, dass die Reichen so wenig Mitleid mit den Armen haben, ist, dass sie sie so selten besuchen.“

Darum war dies eine regelmäßige Anweisung für seine Prediger und Mitarbeiter: „Schickt ihnen nicht, was ihr für sie gesammelt habt, sondern geht zu ihnen und bringt es ihnen!“ Wer die Armen nicht kennt und nicht weiß, wie sie leben, wird ihnen nur wenig helfen können. Vor allem: Er wird ihnen die Wertschätzung nicht geben können, die ihnen als Gottes geliebten Menschen zukommt.

In dieser Nähe zu den Armen verschwanden auch die gängigen Vorurteile über sie. Es gab zwei besonders schlimme und für die Armen fatale Erklärungen der Armut:

(a) *Sie sind selbst schuld an ihrem Schicksal, weil sie zu bequem und zu faul zum Arbeiten sind.* Wesley machte sich ein eigenes Bild von der Lage der Armen im Lande, von ihren Lebensbedingungen, ihren Sorgen und Bedürfnissen, um dann festzustellen, dass – von wenigen Ausnahmen abgesehen – diese Einschätzung nicht nur völlig falsch ist, sondern die Armen noch tiefer in den Kreislauf von Arbeitslosigkeit und Armut hineinstößt.

(b) Das zweite Fehlurteil lautete: *Ihre Armut ist ein von Gott verhängtes Geschick.* Die Lehre von der doppelten Prädestination, nach der die von Gott Erwählten schon im irdischen Leben unter seinem Segen stehen, macht den Umkehrschluss möglich: Wer erkennbar nicht unter Gottes Segen steht, der ist auch nicht von Gott erwählt. Armut zu bekämpfen hieße dann, sich gegen Gottes Entscheidung zu stellen. Persönliche Frömmigkeit ohne soziale Verantwortung war damit sogar lehrmäßig für richtig erklärt.

Wesley trat auch dieser Interpretation der Armut entschlossen entgegen. Sie widerspreche, abgesehen vom Gebot der Nächstenliebe, der biblischen Lehre, dass jeder Mensch zum Ebenbild Gottes geschaffen ist. Prompt handelte er sich Protest der *besseren Gesellschaft* ein: „Die Lehren der Methodisten sind sehr abstoßend, in hohem Maße unverschämt und respektlos gegenüber den ihnen Höhergestellten“, entrüstete sich die Herzogin von Buckingham. „Sie bemühen sich fortwährend, alle Rangstufen zu nivellieren und Unterschiede aufzuheben.“ Auch den frommen Fatalismus, der aus dem Wort Jesu *„Arme habt ihr allezeit bei euch“* (Mk 14, 7) abgeleitet wurde, ließ Wesley – exegetisch völlig richtig – nicht gelten.

Umso entschiedener wurde sein Einsatz für die Armen: Nach und nach organisierte er – wirksam und modellhaft zugleich – Projekte zur schulischen Ausbildung von Kindern armer Familien, zur Arbeitsbeschaffung und medizinischen Versorgung.

Die Mitglieder aller methodistischen Gemeinschaften wurden auf dieses Programm eingestimmt; die eigene Erfahrung der befreienden Kraft des Glaubens motivierte sie zu einer an den Bedürfnissen der Empfänger orientierten praktischen Nächstenliebe. An den Rand Gedrängte aller Art wurden aufgesucht und aufgefangen; sie lernten, ihr Leben neu zu beginnen, sich etwas zuzutrauen und Verantwortung für andere zu übernehmen. Sie hörten, dass alles, was Menschen haben, nicht ihr Eigentum, sondern ein von Gott anvertrautes Gut ist. So wurden aus Bedürftigen Beschenkte und aus Beschenkten solidarisch Teilende.

Außerdem begnügte sich der mit der ökonomischen und sozialen Situation der Menschen immer besser vertraute Reiseprediger Wesley nicht mit der Organisation von Einzelprojekten. Er analysierte nach und nach die Ursachen der Missstände, redete den Verantwortlichen ins Gewissen und rief sie zur raschen Veränderung ungerechter Strukturen auf. In seiner Schrift über „Die gegenwärtige Knappheit an Lebensmitteln" deckte er die Zusammenhänge zwischen dem Luxus der Reichen und dem Hunger der Armen auf. Schritt für Schritt ging er den Ursachen nach:

Die Arbeitslosigkeit auf der einen Seite, auf der anderen Verschwendung von Getreide für die Schnapsbrennerei und die Pferde der Reichen, die Monopolisierung der Güter und gleichzeitige Beseitigung der Kleinbauernbetriebe, die gestiegenen Pachtzinsen und die wegen der Staatsverschuldung sehr hohen Steuern all dies führt zu Knappheit und Verteuerung der Lebensmittel. Seine Analyse fasst er schließlich so zusammen: „Tausende von Menschen gehen im ganzen Lande aus Mangel an Nahrung zugrunde. Das rührt von verschiedenen Ursachen her, vor allem aber von der Schnapsbrennerei, den Steuern und dem Luxus."

3.2.2 Der Kampf gegen den Sklavenhandel

Wesley war bei seinem frühen Aufenthalt in Amerika (1735-38) nicht direkt mit Sklaven in Berührung gekommen, da die Kolonialverwaltung von Georgia ihre Einfuhr nicht zuließ. Er unterstützte diese Politik und lehnte jede Form von Sklaverei ab. Einzelnen Schwarzen war er begegnet, hatte ihnen Unterricht im christlichen Glauben erteilt und eine Sammlung für die Gründung einer Schule für schwarze Sklaven unterstützt. In seiner evangelistischen und seelsorglichen Praxis machte er bereits keinen Unterschied mehr zwischen Weißen und Schwarzen, Freien und Sklaven.

Aus beiden Gruppen wurden Menschen durch seine Predigt für den christlichen Glauben gewonnen, Sklaven wurden getauft und gemeinsam mit den Weißen zum Abendmahl zugelassen. Später sammelten methodistische Prediger in Amerika Sklaven in Gruppen („classes") und nahmen sie in ihre Gemeinschaften auf.

Wesleys entschlossener Kampf gegen den Sklavenhandel begann, als er die Schriften eines Quäkers (Anthony Benezet) in die Hände bekam und sorgfältig las. Eigene Beobachtungen und Erfahrungen, Berichte über Afrikareisen und über Praktiken amerikanischer Sklavenhalter und -händler kamen dazu und vertieften seine Kenntnis der Geschichte des modernen Sklavenhandels, aus dem England als stärkste Seemacht außerordentliche Profite zog, und des Schicksals der afrikanischen Sklaven. Aber der Sklavenhandel war legal, das Institut der Sklaverei war aus der Antike bekannt und in England kaum umstritten.

Selbst Bischöfe der anglikanischen Kirche vertraten die Auffassung, dass die Freiheit, die Christus schenkt, keine Grundlage für die Forderung nach einer Befreiung der Sklaven und einer Abschaffung des Sklavenhandels sei.

Es gibt in der Tat keine direkten biblischen Aussagen gegen die Sklaverei; keine Erwähnung von Sklaverei und Sklaven ist mit einer ethischen Verwerfung versehen. Wie sollte Wesley als Mann der Bibel argumentieren?

Im Jahr 1774 erschien seine Schrift mit dem harmlos klingenden Titel „Gedanken über die Sklaverei". Es war eine Kampfschrift, die es an Klarheit nicht fehlen ließ. Nach einer Definition und einem knappen Überblick über die Entstehung der Sklaverei beginnt Wesley mit der Widerlegung von verbreiteten Vorurteilen über die Herkunftsländer, die Lebensweise und den Charakter der Schwarzafrikaner. Er stellt Informationen über die geographischen, wirtschaftlichen, gesellschaftlichen und politischen Gegebenheiten verschiedener Länder der afrikanischen Westküste und ihre Bewohner zusammen.

Der zweite größere Teil der „Gedanken über die Sklaverei" beschäftigt sich mit den Grausamkeiten der Beschaffung, des Transports und Verkaufs der Sklaven und ihrer unmenschlichen Behandlung durch ihre Besitzer. Er gipfelt in der Frage, ob der Schöpfer beabsichtigt habe, dass die edelsten Geschöpfe (in) der sichtbaren Welt ein solches Leben führen sollten.

Der dritte Hauptteil bildet das Zentrum der gesamten Argumentation Wesleys und beschäftigt sich – unter Verzicht auf biblische Zitate – mit der Überprüfung der Vereinbarkeit von Sklaverei mit Gerechtigkeit und Mitleid. Die hier verwendete Vorstellung von Gerechtigkeit ist im wesentlichen aus dem Naturrecht hergeleitet, das sowohl im angelsächsischen Protestantismus von seinen calvinistischen Traditionen her bekannt war, als auch in der frühen Aufklärung des 18. Jahrhunderts eine wachsende und für die Entstehung der modernen Demokratie grundlegende Bedeutung gewann. Das Naturrecht übertrifft alles *positive*, also von Menschen festgelegte, Recht an Rang und Gültigkeit. Nach ihm ist jeder Mensch, gleich welcher Rasse, Religion oder Nationalität, von Geburt an mit bestimmten Rechten ausgestattet. Sklavenhaltung ist mit diesem Recht in keiner Weise in Übereinstimmung zu bringen.

Das einzige Argument, mit dem die Befürworter der Sklaverei sich dieser Argumentation entziehen und ihr Tun rechtfertigen konnten, blieb die Behauptung einer wirtschaftlichen Notwendigkeit. Die aber bestritt Wesley auf Grund seiner Erfahrung, dass auch Weiße im Klima der westindischen Inseln und der Südstaaten arbeiten können, und mit dem Hinweis, ein entsprechender Großversuch sei noch gar nicht unternommen worden.

Später werden Adam Smith und andere mit ihrer Forderung, die Sklaverei aus ökonomischen Gründen abzuschaffen, zeigen, dass Wesley hier durchaus richtig gesehen hat.

Wesleys wichtigstes Gegenargument bleibt aber auch hier der Hinweis auf die mit der Sklaverei verbundene Verletzung der vom Schöpfer verliehenen Menschenrechte: „Besser kein Handel als ein Handel, der durch Schurkerei zustande kommt. Es ist weitaus besser, keinen Reichtum zu besitzen, als Reichtum auf Kosten der Tugend zu gewinnen." Niemals darf ein von Gott zu seinem Ebenbild geschaffener Mensch zu einer Ware degradiert werden. „Besser ist ehrenhafte Armut als all diese Reichtümer, erkauft mit den Tränen, dem Schweiß und Blut unserer Mitgeschöpfe."

Vernunft und Glaube, unparteiische Nächstenliebe und kritisches Nachdenken auch über politische und soziale Zusammenhänge verbinden sich hier und führen zu einem vertieften Verständnis der biblischen Botschaft: es durchstößt die Oberfläche der Texte und gelangt zu ihrem Grundsinn im Kontext des Evangeliums.

Aus ihm leitet Wesley die Aufforderung ab, für die in ihrer Würde und ihren Grundrechten verletzten Menschen einzutreten, die ohne eigenes Verschulden in diese Lage geraten sind. Weil das Evangelium die Menschen im Blick hat, geht es schließlich immer um

Menschen und nicht um Texte, die aus ihrem Zusammenhang gerissen werden und angeblich das Unrecht an Menschen rechtfertigen.

3.2.3 Die Abschaffung des Kriegs

Wesley hatte die Hochschätzung von König und Vaterland aus dem Elternhaus mitgebracht und stets behalten. Umso erstaunlicher ist die scharfe Kritik, die er gegen den Krieg vorbrachte: Er sei eine viel schlimmere Schande für die Christenheit als der Rechtsmissbrauch, der überall im Land zu beobachten sei. Der Ehrgeiz der Mächtigen und die Korruption der Politiker, Streit und Habgier, das Fehlen jeder Vernunft und Menschlichkeit führten zum Tode Tausender Menschen. „Wenn das Schwert einmal gezogen ist, wer wird es aufhalten?", fragte er seine Landsleute. Schon vorher würden Leidenschaften geschürt und Vorurteile ins Unermessliche aufgebauscht, um Menschen kriegsbereit zu stimmen.

An dieser Einschätzung des Krieges als eines der größten Übel hielt Wesley auch fest, als der Riss durch seine eigene methodistische Bewegung ging. Im Unabhängigkeitskrieg der nordamerikanischen Kolonien (1776-83) standen Methodisten auf beiden Seiten der Auseinandersetzung.

Aber er schwankte zeitweise in der ethischen und rechtlichen Bewertung dieses Kampfes. Die Besteuerung der Kolonien durch die englische Krone hielt er für keinen ausreichenden Grund, sich – wie es heißt – gegen eine angebliche Tyrannei des Mutterlandes zu erheben. „Alle meine Vorurteile sind gegen die Amerikaner gerichtet", schreibt er an den Kolonialminister. „Und doch kann ich nicht umhin, mir bewusst zu machen, dass hier ein unterdrücktes Volk nicht mehr verlangt als sein gutes Recht." Wie ist dieses Schwanken zu erklären?

Schon während des siebenjährigen Krieges zwischen Frankreich und England (1756 – 1763) hatte er geschrieben: „Es gibt eine noch größere Schande (als andere Übel in der Welt) für das Christentum, ja für die Menschheit, für Vernunft und Menschlichkeit: Krieg ist in der Welt! Krieg zwischen Christen!" Aber er klagte nicht nur (an), sondern suchte nach den Ursachen und überprüfte die Parolen. Dass er zwischen den Prinzipien der staatlichen Legalität und der legitimen Rechte der sich bildenden nordamerikanischen Nation lange hin und her schwankte, lag wohl einerseits an der Zähigkeit seiner von ihm selbst so genannten Vorurteile, andererseits aber auch daran, dass ihm die Lösung des Konflikts ohne Blutvergießen weit wichtiger war als der Streit um völkerrechtliche Theorien. Friedenswille, Vernunft und Menschlichkeit müssten Wege finden, den Streit zu regeln, ohne dass bewaffnete Männer einander erschießen, erstechen und abschlachten. Männer, die sich gar nicht kennen, sondern nur dem Befehl folgen, einander so schnell wie möglich umzubringen, um so zu *beweisen*, welche Seite im Recht ist. „Was ist das für eine Art zu streiten? Welche Beweismethode liegt hier vor? Was für ein erstaunliches Verfahren, um eine Streitsache zu entscheiden! Und welchen Preis kostet das Ergebnis? Das Blut und die Wunden Tausender, brennende Städte und verwüstete Landschaften!“

Mit seiner Kritik an beiden Krieg führenden Seiten machte Wesley sich bei vielen unbeliebt und bezog entsprechende Prügel – einmal von der einen, dann von der anderen Seite. Er weckte Verständnis für die amerikanischen Rebellen, wenn er schrieb, ein unterdrücktes Volk fordere nicht mehr als seine legitimen Rechte. Aber er übernahm auch nicht einfach ihre Position, sondern fragte sie unter anderem, ob sie tatsächlich – wie behauptet – das allgemeine Wahlrecht garantieren wollten. Beobachtet hatte er: Frauen, Indianern und Sklaven geben sie kein Wahlrecht.

Sind diese denn – so lautete Wesleys rhetorische Frage – keine menschlichen Wesen, die von ihrem Schöpfer mit unveräußerlichen Rechten ausgestattet sind, wie es in der Verfassung hieß? Warum sollte das Wahlrecht auf Männer mit weißer Hautfarbe und Grundbesitz beschränkt sein? Auf den Protest der Kolonisten, dass das Mutterland „uns ermorde und versklave“, entgegnete Wesley: „Wer ist denn ein Sklave? ... Sieh den Schwarzen, der unter der Last zusammenbricht, unter den Peitschenhieben blutet! Er ist ein Sklave. Gibt es zwischen ihm und seinem Herrn ‚keinen Unterschied’? Doch: der eine schreit Mord! Sklaverei! der andere blutet still und stirbt.“

Fazit

Wesley hat sein Wissen über Ursachen, Abläufe und Folgen von Verelendung, Versklavung und Kriegen mit der Perspektive des Evangeliums und des Gebots der Nächstenliebe verbunden, sie durchdacht und seine oft nur von Minderheiten geteilten Überzeugungen gewonnen.

Der Christ John Wesley hatte sich dem Patrioten und Monarchisten in ihm verweigert, traditionelle Positionen auf ihre Tragfähigkeit überprüft und im negativen Falle gründlich korrigiert, vor allem aber seiner so gewonnenen Überzeugung entsprechend gepredigt, gelebt und gehandelt.

Sich in Auseinandersetzungen, die immer auch emotional und interessegeleitet sind, nicht den Blick verstellen zu lassen, ist ein Ziel sozialer Heiligung. Den Schwächeren und den Unrecht Leidenden zur Seite zu stehen, heißt aber nicht, vor ihren Fehlern und möglicher Schuld die Augen zu verschließen. Selten stehen auf der einen Seite die ganz Guten und auf der anderen die durch und durch Bösen. Trotzdem riskiert, wer sich einer solchen Kumpanei verweigert, sich zwischen alle Stühle zu setzen. (Manche sagen, dies sei der für die Kirche und für Christen angemessene Platz.)

Die soziale Dimension des Evangeliums mit den ethischen Herausforderungen der Zeit zu verbinden, sich den Blick schärfen und das Gewissen wecken zu lassen, um dann klar zu reden und mutig zu handeln, wo und wie immer das möglich ist, bleibt bis heute eine Aufgabe, die Christen - vor allem die Methodisten unter ihnen – wahrnehmen müssen. Mehr als Wesley schulden sie dies ihrem Herrn, den sie bei den Menschen finden werden, die Hilfe brauchen.

(Weitere Informationen über Wesleys Sozialethik und Belege der Wesley-Zitate finden sich in: Manfred Marquardt, Praxis und Prinzipien der Sozialethik John Wesleys, Göttingen, 3. überarbeitete Auflage, 2008)

Die Geschichte des Sozialen Bekenntnisses und der Sozialen Grundsätze

Ulrike Schuler

1. Christ sein in wesleyanischer Tradition – historische Realität

Als Methodistinnen und Methodisten stehen wir in der Tradition einer kirchlichen Bewegung, die sich zur Einheit von Glauben und Handeln bekennt und sie je neu zu konkretisieren versucht. In diesem Verständnis wurden und werden Menschen in methodistischen Gemeinden zu einem gesunden Rhythmus von Kontemplation und Aktion angeleitet, zu einem Gleichgewicht zwischen einem Glaubensleben in einer lebendigen Beziehung zu bzw. mit Gott und der Übertragung/Übersetzung göttlich-visionärer Erkenntnisse und Erfahrungen in ein verantwortliches gesellschaftliches Handeln. Entgegen aller Plausibilität dieses Verständnisses, das Wesley in die Kurzformel „no holiness without social holiness“ gefasst hat, belegt der historische Fortgang methodistischer Geschichte(n), wie dieses ganzheitliche Heilsbewusstsein christlicher Existenz immer wieder aus der Balance kam, die erste Hälfte des Grundsatzes (das Glaubensleben des Einzelnen) bisweilen eine ungesunde individualisierende Überbetonung erfuhr, während die zweite Hälfte (der soziale Auftrag/ die soziale Verantwortung) zunehmend aus dem Blick geriet. Dieser Gefahr sind methodistische Kirchen immer wieder in Etablierungsphasen der zweiten und dritten Generation erlegen. Diese Fehlentwicklungen sind u.a. im Kontext anderer tragender kirchlicher Traditionen, gesellschaftspolitischer Rahmenbedingungen und nationaler Mentalitäten zu verstehen, aber auch – wie beispielsweise in Deutschland – im Licht des fehlenden Selbstbewusstseins einer Minderheit zu sehen, die meinte, sich anpassend gesellschaftlich und kirchenpolitisch einfügen zu sollen; dabei sind dann Grundlagen methodistischer Theologie verschwommen oder – wie im Verlauf der Heiligungsbewegung Ende des 19./Anfang des 20. Jahrhunderts nachspürbar – die Heiligungsthematik im Kontext lutherischer Theologie und infolge von Übersteigerungen im Umfeld der Heiligungsbewegung, von denen es sich deutlich zu distanzieren galt, weitgehend ausgeblendet bzw. *über Bord geworfen* worden.

Die *Wiederentdeckung* geschah dann stets auch über den Weg einer gründlichen theologischen Arbeit, wie zudem im Zuge von Kirchenvereinigungen, wie zuletzt 1968 in einer fundierten historisch-theologischen Standortbestimmung und Neuorientierung.

2. Soziales Bekenntnis – die Wiederentdeckung eines methodistischen Selbstverständnisses

Im Mai 1908 nahm die *General Conference* (Generalkonferenz) der ***Methodist Episcopal Church*** (Bischöfliche Methodistenkirche) einen Bericht an, in dem u.a. in elf Punkten die Position dieser Kirche zu Fragen der industriellen Arbeitswelt dargelegt wird. Demnach *tritt die MEC* ein für „Gleichberechtigung und Gerechtigkeit aller Menschen in allen Bereichen des menschlichen Lebens", was im Folgenden dann im Blick auf die industrielle Arbeitswelt weiter spezifiziert wird. Dieser Text wurde am 01. Juni 1908 in *The Daily Christian Advocate*, dem offiziellen Publikationsorgan der *Generalkonferenz* der *MEC*, unter der Überschrift *The Social Creed of Methodism* abgedruckt und hinfort unter dieser Bezeichnung weiterentwickelt. Der Titel (*Bekenntnis*) ist sachlich nicht korrekt, da es sich hierbei nicht um einen liturgischen Text handelt, also um keine zu rezitierende christliche Glaubenslehre, sondern um die Auflistung wesentlicher Grundsatzfeststellungen, eine Standortbestimmung und Positionierung gegenüber sozialen Zuständen und Sachverhalten – das sei hier schon einmal festgehalten. Dieses erste „Bekenntnis" blieb auch in den folgenden Jahrzehnten nicht unverändert. Nach verschiedenen, zunächst durch ökumenische Zusammenarbeit inspirierte, Revisionen wurden im Zuge der 1968er Kirchenvereinigung *Soziale Grundsätze* (*Social Principals*) der ***United Methodist Church*** formuliert, die die Facetten gesellschaftlicher Verantwortung ausführlicher ansprechen; sie wollen eine Sachverhalte erläuternde Orientierungshilfe zu den vielseitigen Fragen gesellschaftlichen Handelns geben.

In diesem Zusammenhang wurde dann auch ein *Soziales Bekenntnis* als liturgischer Text „zum gottesdienstlichen Gebrauch" verfasst.

Wie kam es nun überhaupt Anfang des 20. Jahrhunderts zur Abfassung von Grundsatzaussagen zur sozialen Verantwortung, und wie lässt sich dann die Wirkungsgeschichte dieses Textes innerhalb der *MEC* in den USA und entsprechend weltweit, in anderen Kirchen und der heutigen *UMC* weiter verfolgen? Diesen Fragen werde ich nun im Folgenden schrittweise nachgehen.

2. 1 Zweite Hälfte des 19. Jahrhunderts - Schlaglichter auf gesellschaftspolitische Themen und Impulse in den USA

Das erste *Soziale Bekenntnis* wurde im US-amerikanischen Kontext am Beginn des 20. Jahrhunderts verfasst. Da nichts kirchengeschichtlich Bedeutsames in einem kirchlichen Vakuum geschieht, sondern stets verflochten ist u.a. in einen sozialgeschichtlichen Kontext, beleuchte ich diesen zunächst.

– Der schnelle technologische und in seiner Folge auch soziale Wandel, wie er im 18. Jahrhundert in England begonnen und sich dann Anfang bis Mitte des 19. Jahrhunderts auf dem europäischen Kontinent fortgesetzt hatte - ein gesellschaftlicher Umbruch, der in seiner Radikalität und Ursache kurz als *Industrielle Revolution* bezeichnet wird - vollzog sich erst gegen Ende des 19. Jahrhunderts in Nordamerika. Auch dort - wie in Europa - hatte dieser Umbruch katastrophale gesellschaftliche Auswirkungen, die die Umwandlung von der Agrar- zur Industriegesellschaft und dem entstehenden kapitalistischen Wirtschaftssystem begleiteten. Einige Stichworte hierzu sollen genügen, um den Horizont der Problemfelder anzudeuten: Landflucht, gleichzeitig wachsende Ballungszentren/Städte, Auflösung der Familienverbände, Ausbeutung der Arbeitskräfte, Rechtlosigkeit, Gesundheitsgefährdungen, Verarmung, Arbeitslosigkeit, fehlende soziale Fürsorge, soziales Elend, ein entstehendes und wachsendes Industriearbeiterproletariat auf der einen und wenige Großindustrielle auf der anderen Seite. Hinzu kamen immense Einwanderungswellen, die die soziale Not weiter steigerten. Zwischen 1860 und 1920 verdreifachte sich die Population in Nordamerika. Blutige Streiks (1877, 1886 und 1894) wurden Ausdruck der Verzweiflung der Arbeiterschaft über die Ausweglosigkeit der allgemeinen Situation.

  Obgleich sich in Europa bereits vergleichbare soziale Veränderungen vollzogen hatten, war man dennoch in Politik und Gesellschaft im Allgemeinen ebenso wenig auf die explosionsartigen Veränderungen vorbereitet wie das Gros der Kirchen. Auch in den USA waren es eher Einzelinitiativen, die auf die desolate Situation einzugehen versuchten. Die

MEC und die ***E****vangelical* ***A****ssociation (Evangelische Gemeinschaft)* fanden – wenn man den diesbezüglichen Untersuchungen vertraut – ihre Mitglieder zu diesem Zeitpunkt eher in der mittelständischen Klientel und hatten weniger Bezugspunkte zur Arbeiterschaft. Pionierdienste leistete hier besonders die sich erst 1878 aus der *Methodist Church* in Großbritannien herausgebildete *Heilsarmee* (*Salvation Army*), die bereits ab 1880 gezielt ihre Sozialarbeit in den USA entfaltete. Sie bot im ganzheitlich-methodistischen Verständnis erweckliche Predigt und eine umfangreiche soziale Fürsorge an, wie Lebensmittelverteilung, Zufluchtsorte, medizinische Versorgung, Berufstraining, schulischen Basisunterricht, Praktika in Industrie und Landarbeit, Gefangenenbesuche, Armenhilfe, Beschaffung preiswerter Kohle im Winter. Lutheraner und Methodisten reagierten eher mit der Gründung von Diakonissenschaften.

– Die Ära nach dem *amerikanischen Bürgerkrieg* (*Civil War,* 1861-1865) wird insgesamt als bedeutende Phase gesellschaftlicher Veränderungen in den Vereinigten Staaten angesehen, in der v.a. in Nordamerika unter Protestanten die Vision entstand, die Gesellschaft wie auch die ganze Welt noch in der aktuellen Generation zu evangelisieren, sowie das individuelle und das gesellschaftliche Leben zu reformieren. Im Zusammenhang mit der *Heiligungsbewegung* wurde die Konzentration auf die Bekehrung des Einzelnen gelegt und – wie schon zu Wesleys Zeiten – die Veränderung der Gesellschaft durch die Vermittlung religiöser und moralischer Werte und in der Folge der Bekehrung vieler Einzelner erwartet. In diese Phase fiel dann auch die Bewegung, die sich für ein Alkoholverbot einsetzte, eine Bewegung, die aufgrund des erfolgreichen *Kampfs gegen die Sklaverei* unmittelbar nach dem durch die Nordstaaten gewonnenen Bürgerkrieg die Kräfte kampfeslustig auf die Alkoholprobleme lenkte. Hierin konnten zwei Ziele angesteuert werden: die Anleitung zur Selbstdisziplin und sozialen Disziplin.

In diese Bewegung waren Methodisten stark involviert. Bekanntheit erlangte *Francis Willard* als Leiterin der *Anti-Alkoholbewegung* (*temperance movement*). Sie engagierte sich auch zusammen mit christlichen Sozialisten im Kampf gegen die Probleme der industriellen Gesellschaft. Außerdem kämpfte sie für die Rechte der Frauen, u.a. auch für das Recht der Frau zu predigen.

- In der allgemeinen gesellschaftlichen Notlage war auch schon in Europa der Blick auf die Gesellschaft als Gegenstand wissenschaftlicher Erforschung gelenkt worden. Der französische Mathematiker und Philosoph *Auguste Comte* untersuchte die Gesetzmäßigkeiten der menschlichen Gesellschaft und prägte 1838 den Begriff der *Soziologie.* Die Soziologie als Gegenstand der Forschung und Lehre war dann schon 1880 in der akademischen Ausbildung der USA weit verbreitet, so dass die Untersuchung gesellschaftlicher Zusammenhänge deutlicher ins Blickfeld gelangte – auch in das der Kirchen.

- Im letzten Viertel des 19. Jahrhunderts entstanden politische Parteien, die die soziale Frage thematisierten und zunehmend auch Einfluss auf die Kirchen gewannen, die nach 1889 – wie Kirchenhistoriker konstatierten – viele soziale Ideen vom aufkommenden Sozialismus lernten und übernahmen.

- Zunächst unter Kongregationalisten, Presbyterianern und Anglikanern, die die Frage sozialer Nöte und der Gerechtigkeit in der Industrie aufwarfen, entfaltete sich die sogenannte *Social Gospel Movement.* Auch in diese protestantische Bewegung waren *Methodisten* dann zunehmend involviert bzw. wurden von ihren Fragestellungen und Erkenntnissen beeinflusst. Als ein wichtiger Impulse gebender Faktor der Entstehung dieser Bewegung wird u.a. die *Evolutionstheorie Darwins* bzw. der sich daraus entwickelnde *Sozialdarwinismus* angesehen. Er rief in den USA eine Stimmung sozialer Verantwortung, den Glauben an einen sozialen Fortschritt, einen Optimismus bzgl. der Moral und der Zukunft der Gesellschaft, die Harmonisierung von christlicher Ethik und politischem Handeln hervor. Eine Gallionsfigur der *Social-Gospel-Bewegung* wurde der *Baptist Walter Rauschenbusch* u.a. mit seiner weit verbreiteten Publikation *Christianity and the Social Crisis* (1907), in der er nicht nur die Sünde des Einzelnen thematisiert, sondern die Sünde der Gesellschaft als Kränkung Gottes entfaltet.

Soweit einige Facetten tragender Entwicklungen und Ideen, die den Horizont der Denkweise der US-amerikanischen Gesellschaft im ausgehenden 19. Jahrhundert umreißen.

2.2 Die Methodist Federation for Social Service

Fünf methodistische Pastoren, Frank Mason North, Elbert Robb Zaring, Worth M. Tippy, Harry F. Ward und Herbert George Welch, die aufgrund ihrer verschiedenen kirchlichen Aufgaben an unterschiedlichen Orten und in unterschiedlicher Weise für die wachsenden sozialen Problemen sensibel geworden waren, korrespondierten und tauschten ihre Fragen zu sozialen Problemen untereinander aus. Sie nahmen Impulse zur Reaktion auf soziale Nöte aus unterschiedlichen Kontexten auf. Warren beerdigte beispielsweise wöchentlich verunglückte Fabrikarbeiter und wurde so auf die unzumutbaren, Menschen gefährdenden Arbeitsbedingungen aufmerksam. Welch hatte bei seinem Studium in Oxford die *Wesleyan Methodist Union for Social Service* in England kennengelernt und ihr erfolgreiches Konzept in das Gespräch eingebracht. Tippy, dem ein dreimonatiger Aufeinhalt in Europa und England gesponsert wurde, nutzte diesen Aufenthalt, um diese Organisation genauer kennen zu lernen. Schließlich organisierten die Fünf eine Konferenz für an Fragen der Sozialfürsorge (*Social Service*) interessierte Pastoren und Laien der *MEC*. Diese Tagung fand am 3./4. Dezember 1907 in Zusammenhang mit der Jahrestagung der *National City Evangelization Union*, in der Frank Mason North sich als hauptamtlicher *Corresponding Secretary* engagierte, in Washington D.C. statt. Interessant erscheint die thematische Verknüpfung von geistlicher und sozialer Verantwortung bei dieser Tagung, die grundlegend und Richtung weisend für die folgende Weiterarbeit werden sollte. Wie dem Einladungsschreiben zu dieser Tagung zu entnehmen ist, war es das Ziel der Veranstalter, einen Interessenverband (*Methodist League*) zu gründen, um auf breiterer Basis die unterschiedlichen kirchlichen Gruppierungen, die sich mit sozialen Fragen beschäftigten, wie auch Betroffene ins Gespräch zu bringen und gemeinsam nach geeigneten Lösungen zu suchen. Es sollten betont keine neuen sozialen Konzepte entworfen werden, sondern zunächst ein reger Informationsaustausch aus den unterschiedlichen Perspektiven erfahrener Gruppierungen und Einzelpersonen stattfinden, die sich um ein Verständnis der komplexen Lage bemühten.

25 der 51 Eingeladenen nahmen an der Konferenz teil. In Anlehnung an die in England erfolgreich wirkende *Wesleyan Methodist Union for Social Service* formierte sich nun die ***M**ethodist **F**ederation for **S**ocial **S**ervice (Methodistischer Verband für Sozialfürsorge)* und wählte Herbert Welch als ihren Präsidenten.

Es wurde beschlossen, eine Schriften-Serie zu den Absichten der Vereinigung, dem Aufbau einer Organisationsstruktur und den beabsichtigten Arbeitsmethoden zu veröffentlichen. Noch 1907 erschienen die Traktate: „What is it?“, „How to organize“ und 1908 „A statement to the church“. Außerdem nahm man sich vor, entsprechend thematisch Einfluss auf die bevorstehende *General-Konferenz* der *MEC* zu nehmen. Dazu sollte eine Stellungnahme zur Pflicht und Chance der Kirche im Blick auf ihren Beitrag zur Sozialfürsorge (*social service*) vorbereitet werden, von der man sich erhoffte, dass der Inhalt in die Bischofsbotschaft der *GK* aufgenommen werden würde. Außerdem sollte diesbezüglich Kontakt mit dem für diese Botschaft zuständigen Bischof Daniel A. Goodsell aufgenommen, wie auch generell das Thema kirchlicher sozialer Verantwortung in die *GK* eingebracht werden. Schließlich wurde zur Organisationsform beschlossen, eine Vereinigung zu gründen, die unabhängig bleiben, also keinem offiziellen Gremium der *GK* oder einer anderen methodistischen Gesellschaft angegliedert werden sollte. Zur Durchführung der Beschlüsse wurde ein Vorstand (*Executive Commitee*) gewählt.

Die Konferenz bekam einen offiziellen und öffentlichkeitswirksamen Charakter, als ihr auch politische Aufmerksamkeit geschenkt wurde: Der Vorstand des *MFSS* wurde am 04.12.1907 im Weißen Haus von *Präsident Theodore Roosevelt* und *Vize-Präsident Charles W. Fairbanks* empfangen.

Da lediglich North offizielles Mitglied der *Generalkonferenz* war, wurde beschlossen, dass die anderen Vorstandsmitglieder auf eigene Kosten an der *GK* teilnehmen sollten.

Harry Ward und Herbert Welch arbeiteten als Verfasser des Berichts des *MFSS* über die *Kirche und die sozialen Probleme (The Church and Social Problems)* eng mit einigen Mitgliedern des *GK Ausschusses zur Lage der Kirche* (*Committee on the State of the Church*) zusammen. Der dreiseitige Bericht, dessen Kernteil in elf Punkten die Position der *MEC* in Bezug auf spezifische industrielle Probleme umreißt (dieser Teil wird dann später als *Soziales Bekenntnis* bekannt),war zunächst informeller Natur und inoffiziell verfasst. Er wurde noch vor seiner offiziellen Zur-Kenntnisnahme durch die *GK* im *Western Christian Advocate* abgedruckt und damit einer breiten Öffentlichkeit bekannt gemacht. Ferner bemühten sich die Vertreter des *MFSS,* die Delegierten der *GK* gezielt für ihre Anliegen zu gewinnen und organisierten eine Informationsveranstaltung, an der dann auch ca. 1.000 Interessierte teilnahmen. All das sollte die *GK*-Delegierten für soziale Fragen sensibilisieren.

Insgesamt bewährte sich die komplexe Strategie des *MFSS*, seine vielseitigen und zielstrebigen Vorbereitungen und Präsentationen. Wenngleich ein wörtlich verifizierbarer Einfluss des Berichts des *MFSS* auf die Bischofsbotschaft nicht nachgewiesen werden kann, so befasste sich Bischof Goodsell doch immerhin in einem Viertel seiner Rede mit sozialen Fragen.

Der Bericht *Die Kirche und die sozialen Probleme* wurde dann endlich am 22. Konferenztag (30. Mai 1908) vorgetragen und von der *GK* angenommen. Die Arbeit des *MFSS* als einer *inoffiziellen methodistischen Organisation* wurde gewürdigt, die Vereinigung als „methodistische Plattform für soziale Probleme“ anerkannt und drei Bischöfe des Bischofsrates zur Mitarbeit benannt. Auch in der deutschen Kirchenordnung finden sich zum *MFSS* anerkennende Worte: Wir erwähnen „gern die Methodistische Vereinigung für soziales Leben, welche sich aus Mitgliedern und Freunden unserer Kirche und der Methodisten-Bruderschaft zusammensetzt und es als ihre Aufgabe betrachtet, ‚in der Kirche die Erkenntnis ihrer sozialen Pflichten und Gelegenheiten zu vertiefen, zum Studium sozialer Probleme vom christlichen Standpunkt aus anzuregen und soziale Hilfe im Geiste Jesu Christi zu fördern.‘ Wir billigen vollkommen diese Ziele.“ Gorrell hebt in seiner Darstellung der Ereignisse hervor, dass er gerade in ihrer Unabhängigkeit von der Gesamtkirche der *MFSS* die Freiheit gehabt habe „prophetisch zu sprechen“.

Der *MFSS* wurde beauftragt, bis zur nächsten *GK* 1912 über folgende vier Fragenkomplexe weiter zu arbeiten und einen Bericht zu verfassen. Er sollte darlegen,

- welche gerechten und christlichen Prinzipien und Maßstäbe einer sozialen Reform eine spezielle Anerkennung und Unterstützung der Kirche fordern;
- wie die Behörden der MEC entsprechend dieser Prinzipien und Maßstäbe vernünftigerweise genutzt oder modifiziert werden können;
- wie in diesem Zusammenhang am besten eine Kooperation mit anderen christlichen Kirchen stattfinden kann;
- wie die pastoralen Studienkurse an Seminaren und Konferenzen im Blick auf eine bessere Vorbereitung der Prediger auf eine Wirksamkeit sozialer Reformen verändert werden können.

Es ist auffällig, wie eng in allen Phasen der Arbeit des *MFSS* Theorie und Praxis verknüpft wurden, und das auch von der Generalkonferenz und ihren

Gremien so unterstützt und weitergeführt wurde. Die Vorgehensweise lässt an Wesleys Leitfragen erinnern, die den Konferenzen vorangestellt wurden: „Was sollen wir lehren? Wie sollen wir lehren? Was sollen wir tun? Wie sollen wir unsere Lehre, unsere Ordnung und unsere Praxis aufeinander abstimmen?"

Zudem ist der Impuls zur gemeinsamen Verantwortung in ökumenischer Weite bemerkenswert. Schließlich wurde auch unmittelbar an eine profunde Weitergabe durch die Multiplikatoren kirchlicher Lehre und Arbeit – die Prediger – und entsprechende Förderprogramme gedacht.

In den folgenden Monaten wurden Informationsschriften zu den Anliegen des *MFSS* verfasst, weiterführende Literatur verbreitet, Mitglieder geworben, Zweiggesellschaften gegründet und u.a. eine Konferenz methodistischer Sozialarbeiter organisiert. Harry F. Ward begann an einem *Handbuch für Sozialfürsorge* (*Handbook for Social Service*) zu arbeiten, ein Werk, das dann durch seinen neunmonatigen Auslandsaufenthalt unterbrochen wurde. Während bis dahin Harry F. Ward der *Spiritus Rector* der Vereinigung gewesen zu sein scheint (er wurde auch als der Hauptautor des ersten *Sozialen Bekenntnisses* nachgewiesen), wurde Frank Mason North als Mitbegründer des *MFSS* und gleichfalls 1908 Gründungsmitglied des *Federal Council of the Churches of Christ of America* nun die leitende methodistische Person der Bewegung. Er war derjenige, der das *Soziale Bekenntnis* auf die ökumenische Plattform brachte.

2.3 Federal Council of the Churches of Christ of America

Der *Federal Council of the Churches of Christ in America* vertrat als nationaler protestantischer Kirchenrat zu jenem Zeitpunkt – wie einer Ansprache anlässlich eines Empfangs der Delegierten des Kirchenrates im Weißen Haus zu entnehmen war – „100.000 Prediger des Evangeliums" und etwa 17.000.000 Kirchenglieder.

Dass das erste Treffen des *FCC* 1908 sich bereits umgehend sozialen Anliegen zuwandte und das jüngst formulierte *Soziale Bekenntnis* der *Methodist Episcopal Church* annahm, hängt eng mit dem Engagement *Frank Mason Norths* zusammen, der sich schon bei den vorbereitenden Konferenzen zum *FCC* stark engagierte und zudem auch in weiteren ökumenischen Zusammenschlüssen mitarbeitete. Der *FCC* bot North eine Plattform, auf der er seine – im wahrsten Sinne des Wortes – *Leidenschaft* für soziale Fragen und seinen

Einsatz für ökumenische Aufgaben ideal kombinieren konnte. Aufgrund seiner vielseitigen Involvierungen in verschiedene ökumenische Gremien, die sich mit sozialen Fragen beschäftigten, nicht zuletzt sein Engagement in der *Methodist Federation for Social Service*, die ja auch beauftragt worden war, am *Sozialen Bekenntnis* weiter zu arbeiten, wie auch gleichzeitig seine Arbeit in der *New Yorker Vereinigung für Evangelisation (New York City Evangelization Union)*, die ihm insgesamt zunehmend ein tiefes und weites Verständnis für soziale Angelegenheiten eröffnete, war North für diese Aufgabe geradezu prädestiniert. So erarbeitete er schließlich den Bericht über *Die Kirche und die moderne Industrie (The Church and the Modern Industry)*. Hierbei diente ihm der Bericht des *MFSS*, wie er von der Generalkonferenz der *MEC* 1908 angenommen worden war, als Grundlage.

Danach sind Norths klarer Appell an den ökumenischen Protestantismus, sich den Problemen der sozialen Ordnung zu stellen, und sein theologischer Bezugsrahmen, in den er seinen Bericht hineinstellt, am auffälligsten. Er sah die christlichen Kirchen gerufen, das Königreich Jesu Christi nicht ins Jenseits zu verlagern, sondern in den Vereinigten Staaten, in denen sich nach seiner Überzeugung Rechtschaffenheit, Gerechtigkeit und Heil konkretisieren, aufzurichten. North stellte dann hierzu in zehn Punkten ökumenische Forderungen und in weiteren neun Punkten eine Liste von Grundsätzen auf, die dann das so genannte *Social Creed of the Churches (Das Soziale Bekenntnis der Kirchen)* bildeten.

Auch die kirchliche Presse würdigte mit überaus lobenden Tönen Norths Bericht als „eindringliche Einblicke in soziale und industrielle Bedingungen“, als „Beschluss zum Verhältnis von Kirche und moderner industrieller Welt, faktisch zur gesamten aktuellen gesellschaftlichen Ordnung, eventuell eine Charta [Gründungsurkunde], eine Freiheitsurkunde (bill of rights), die die protestantischen Kirchen Amerikas nicht nur als die ausweisen, die sich mühen, sondern ebenso als Teil der Gesellschaft“. Kurz, das *Soziale Bekenntnis* der *MEC* wurde mit den erwähnten Veränderungen, die North vorgenommen hatte, vom *FCC* auf seiner ersten Konferenz 1908 angenommen.

2.4 Weiterentwicklung und Wirkungsgeschichte des *Sozialen Bekenntnisses* bis 1968

Nach und nach machten sich nun einzelne Mitglieds-Denominationen des *FCC* dieses Bekenntnis zu Eigen; einige entwickelten es in den folgenden Jahrzehnten durch Textveränderungen und -zusätze eigenständig weiter. Mit dem *Sozialen Bekenntnis* reagierten protestantische Kirchen in einer US-amerikanischen sozialen Krise unmittelbar auf brennende Fragen. Gorrell interpretiert die Funktion dieses Bekenntnisses innerhalb des *FCC* auch als ein „Symbol der ökumenischen und sozialen Übereinstimmung ihrer Mitglieder" – Einheit stiftend in einer akuten gesellschaftlichen Notsituation.

Eine nach Denominationen differenzierte Darstellung der Wirkungs- und Rezeptionsgeschichte des *Sozialen Bekenntnisses* liegt bislang noch nicht vor. Einen Überblick gibt Gorrell 1988 zum 80jährigen Jubiläum v.a. im Gegenüber bzw. Miteinander von *FCC* und *MEC*. Seiner Darstellung folgt der kurze chronologische Überblick unter Einbeziehung des wenigen bislang Recherchierbaren in Bezug auf die weiteren methodistischen Zweige, sofern Sie für den deutschsprachigen Raum wichtig erscheinen:

- Nach einem Prozess ökumenischer Stellungnahmen und Gespräche erschien 1912 eine revidierte Version des *Social Creed of the Churches*, das in den folgenden 20 Jahren unverändert als Basis-Stellungnahme des *FCC* zu sozialen Fragen galt, dem weitere Resolutionen zu aktuellen Themengebieten hinzugefügt wurden (z.B. 1916).

- Entsprechend der Aufgabenstellung der *GK* der *MEC* 1908 arbeitete der *MFSS* an *ihrem* Bekenntnistext weiter, den sie für die *GK* 1912 sprachlich weiter präzisierte und thematisch erweiterte. In den Blick gekommen waren Themen wie der Schutz der Familie, berufstätiger Frauen und die Entwicklungsmöglichkeiten von Kindern (u.a. Verbot von Kinderarbeit), Arbeitsschutz und Gesundheitsfürsorge, Altersversorgung, Arbeitszeitverkürzung bei ausreichender Entlohnung, Gewinnverteilung. U.a. war neu, dass nun zu all diesen Forderungen auch die Kirche als Arbeitgeberin zur überzeugenden Umsetzung der geforderten Arbeitsverhältnisse gemahnt wurde. Ferner wurde als unabdingbar angesehen, dass die theologische Ausbildung in sozialwirtschaftliche und politische Themen einführend auszurichten sei, um zur kompetenten Leitung in Gemeinden zu befähigen. Schließlich wurden auch entsprechende Publikationen zu sozialen Pflichten für den Sonntagsschul- und Jugendbundbereich gefordert.

- Kritik erwuchs aus einigen Denominationen (z.B. Presbyterianer, Baptisten), die beanstandeten, dass der *FCC* kein Recht habe, ein allgemein gültiges *Bekenntnis* zu formulieren. Auch die Bezeichnung sei – gemessen an den *Altkirchlichen Bekenntnissen* – eher irreführend. Als Alternative wurde die Titulierung *Ideale sozialer Dienste (Social Service Ideals)* vorgeschlagen, die angemessener eine Zielvorstellung deutlich mache.

- 1925 gliederte der Nationalrat der Congregational Churches das Soziale Bekenntnis in fünf konkrete Themenbereiche: Erziehung, Verhältnis von Industrie und Wirtschaft, Agrarwirtschaft, Rassenunterschiede (racial relations) und internationale Beziehungen. 1928 übernahm die GK der MEC diese Strukturierung.

- Zum 20jährigen Jubiläum 1928 wurde das *Social Creed of the Churches* vom *FCC* einerseits als „Anleitung, Basis für Erziehungsbemühungen und Interpretation der Gesellschaft aus kirchlicher Perspektive" gewürdigt, andererseits in Anbetracht zeitgemäßer neuer Herausforderungen eine Neuformulierung *Sozialer Ideale* bis zur nächsten Tagung des *FCC* beschlossen.

- 1928 wurde Francis McConnell, Bischof der *MEC,* Präsident des *MFSS,* nun auch zum Präsidenten des *FCC* gewählt. In dieser leitenden Personalunion wurde die neue Erklärung *Sozialer Ideale,* die ja aufgrund der jahrzehntelangen Entwicklungsgeschichte bereits als ökumenischer Text verstanden worden war, gezielt voran gebracht. In einem zehnköpfigen Komitee formulieren drei Methodisten an dem neuen Text mit (Edward Devine, Frank Mason North, Worth Tippy), der auf der Version des *Social Creed of the Churches* von 1912 aufbaute.

- Die *Social Ideals* von 1932 übernahm die *MEC, South* 1934 mit kleinen Veränderungen (sie hatte bereits 1914 die Bekenntnis-Version des *FCC* von 1912 angenommen), nicht aber die *MEC*; sie blieb bei ihrer Version von 1928 (s.o.). Mit ein Grund für jene Entscheidung war u.a. eine immer stärkere Radikalisierung v.a. Harry Wards, des maßgeblichen Verfassers des ursprünglichen ersten *Sozialen Bekenntnisses,* der das starke Engagement für Formulierungen in Ermangelung fehlender folgender

Handlungen anprangerte (mehr Arbeit an Worten als an Taten). Er sah die Aufgabe nicht mehr in einer *Nachbesserung* des *sterbenden Kapitalismus*, sondern nur noch in einem revolutionären gesellschaftlichen Umsturz. Die unterschiedlichen Sichtweisen führten auch zu innerkirchlichen Kontroversen.

- Als sich 1939 die *Methodist Episcopal Church, Methodist Episcopal Church, South* und *Methodist Protestant Church* vereinigten, wurde auf Initiative des Herausgebers des *Christian Advocate*, William P. King, ein Komitee zusammen gestellt, das die verschiedenen Versionen *Sozialer Bekenntnisse*, wie sie inzwischen in den drei Kirchen vorlagen, in Einklang bringen sollte. Dieses Bekenntnis verabschiedete die *GK* der vereinigten ***Methodist Church*** *(*im deutschsprachigen Raum nun *Methodistenkirche)* 1940 unter dem Titel *Our Social Creed (Unser soziales Bekenntnis)*, von der *GK* 1944 als *The Methodist Social Creed (Das Methodistische Soziale Bekenntnis)* umbenannt - ein Titel, der bis 1968 beibehalten wurde.

  Dieses *Soziale Bekenntnis* der vereinigten Kirche erhielt eine stärkere Betonung des denominationellen Charakters, in dem es zunächst an die Wurzeln methodistischer Sozialarbeit bei John Wesley erinnerte und den Sinn methodistischer Lehre für eine soziale Verantwortung und Ordnung betonte. Zwischen 1940 und 1952 umfasste das Bekenntnis konstant 20 Artikel, die auch weiterhin anlässlich der *GK* sachlich überarbeitet wurden. Außerdem blieb es nun konstant ein regulärer Bestandteil der Kirchenordnung mit der Option, kontinuierlich aktualisiert zu werden.

- Mitte der 40er Jahre verschärfte sich das Verhältnis der *MC* zum *MFSS*. Die zunehmende Radikalisierung des *MFSS* führte schließlich 1952 zur Trennung der *MC* von diesem Verband und zur Einrichtung eines kirchlichen *Ausschusses für soziale und ökonomische Fragen* (*Board of Social and Economic Relations*). Er erhielt den Auftrag, das *Soziale Bekenntnis* zu revidieren und *effektiv zu machen.*

- 1956 nahm die *GK* der *MC* die neue Version ihres *Methodist Social Creed* mit einem logischeren Aufbau, neu formulierten Passagen wie auch Streichungen entgegen. Es gab vier große, weiter untergliederte Themenblöcke: I. Unsere Geschichte, II. Unser theologisches Fundament, III. Unsere Erklärung zu sozialen Angelegenheiten, IV. Unser Auftrag. Geschichte und theologische Fundierung sollten die denominationelle

Basis des „methodistischen" Bekenntnisses stärken, aber auch die Hinführung zur konkreten Umsetzung und Anwendung des Bekenntnisses wirkungsvoller machen.

- Während das *Soziale Bekenntnis* im Methodismus weiter als Wesensmerkmal methodistischer Identität angesehen und stabilisiert wurde, wurde es im weiteren ökumenischen Protestantismus mehr und mehr aufgegeben. Weder 1938 noch 1948 nahm der *FCC* erinnernd und reflektierend Bezug auf seine *Sozialen Ideale*. Gorrell begründete dies weitgehend mit dem überzeugenden Einfluss des Theologen und Sozialethikers Reinhold Niebuhr, der die Methode der *Social-Gospel-Bewegung*, mit der christlichen Lehre soziale Probleme lösen zu wollen, hart kritisierte und sich für ein stärkeres soziales Engagement basierend auf Realismus und Macht einsetzte.

  Viele Denominationen folgten der Aufforderung, eher auf soziale Stellungnahmen zu verzichten und stattdessen Aktionsprogramme durchzuführen.

- 1950 weitete sich der *FCC* zum *National Council of Churches* aus und wurde neu organisiert, dabei ein *Departement of Christian Life and Work* eingerichtet, in dem sich vier von sechs Unterabteilungen mit den Anliegen des *Sozialen Bekenntnisses* in konkreten Aktionen befassen sollten.

2.5 1968 – Die United Methodist Church - Soziale Grundsätze und Soziales Bekenntnis

Im Zusammenhang mit der Vereinigung der *Methodist Church* und der *Evangelical United Brethren Church* 1968 kam auch das *Soziale Bekenntnis*, das beide Kirchen in unterschiedlicher Weise bis dato rezipiert hatten, in den Blick.

Die **E**vangelical **U**nited **B**rethren **C**hurch hatte das Soziale Bekenntnis in der Kirchenvereinigung 1946 (United Brethren in Christ und Evangelical Church/Evangelische Gemeinschaft) über die **U**nited **B**rethren in **C**hrist in ihre neue Kirchenordnung aufgenommen; die UBC hatte es 1909 in der Version des FCC angenommen. Über die Rezeptionsgeschichte des Sozialen Bekenntnisses in dieser kirchlichen Traditionslinie liegen bislang noch keine Quellenforschungen vor.

Beide Versionen (*MC* und *EUBC*) wurden nun – entsprechend der *Glaubensartikel der MK* und des *Glaubensbekenntnisses der EG* – in der *KO* der

UMC/EmK 1968 zunächst als historische Lehrgrundlagen nebeneinander abgedruckt, jedoch mit der Option, eine Studienkommission (*Social Principals Study Commission*) einzusetzen, die bis zur folgenden *GK* einen Vorschlag zum Umgang mit diesen Dokumenten erarbeiten sollte.

Rainer Bath führt aus, wie aufgrund der Unklarheiten über den genauen Auftrag die Kommission schließlich *ein völlig neues Dokument* erarbeitet habe, und zwar zunächst als Studiendokument, das nach einem Prozess der „regionalen Anhörungen und Diskussionen", Einholung von Voten, Durchführung von Diskussionen wie auch in Zusammenarbeit mit der *Theological Study Commission on Doctrine and Doctrinal Standards* der *GK* 1972 als „Abschlussbericht mit den neuen *Social Principals*" vorgelegt und von ihr angenommen wurde.

Seit der neuen Kirchenordnung bilden nun die *Sozialen Grundsätze der Evangelisch-methodistischen Kirche*, wie diese ethischen Orientierungshilfen zu gesellschaftlichen Lebensbereichen von nun an heißen, einen festen Bestandteil der Kirchenordnung. Sie *rufen* – wie es in der aktuellen Kirchenordnung (*Verfassung **L**ehre und **O**rdnung* 2006) heißt – „zu einer vom Glauben geprägten Lebenspraxis; sie sollen in gut prophetischem Sinne aufklären und überzeugen", dabei „haben sie den Charakter von Leitlinien". Aus diesem Grund kann es sich bei den *Sozialen Grundsätzen* auch nur um einen dynamischen Text handeln, der unablässig zur Reflexion, Präzisierung, Erweiterung neuer Themen oder auch Streichung überkommener Aussagen anregt. Diese *Sozialen Grundsätze* weichen in Umfang, Ton und Intention deutlich von allen vorherigen Fassungen *Sozialer Bekenntnisse* und *Sozialer Ideale* ab. Dennoch ist aber das Grundanliegen, die Willensbekundung zur Übernahme sozialer Verantwortung, stets konstant geblieben. Die *UMC/EmK* wollte und will ihre soziale Verantwortung in dieser Welt deutlich machen und dabei die christliche Theologie mit der gesellschaftspolitischen Realität ins Gespräch bringen.

Die *GK* beschloss 1972 auch ein *Soziales Bekenntnis*, das als liturgischer Text im sonntäglichen Gottesdienst regelmäßig gesprochen werden sollte und darum heute im aktuellen Gesangbuch nach dem *Apostolischen* und *Nizänischen Glaubensbekenntnis* abgedruckt ist. Seit 1972 wird die Bezeichnung *Soziales Bekenntnis* nur noch auf diesen Text angewandt.

Zum 100jährigen Jubiläum des *Sozialen Bekenntnisses* haben nun weltweit Gremien der *UMC* an einem neuen liturgisch verwendbaren und eventuell sogar singbaren *Bekenntnistext* gearbeitet, den die *GK 2008* verabschiedet hat. Erstaunlicherweise hat sich nun auch der *National Council of Churches* in den USA an sein 1908 verabschiedetes *Soziales Bekenntnis* erinnert und die Aufnahme der Arbeit an einem neuen *Social Creed* der Kirchen im 21. Jahrhundert entschlossen, das zu den Themen „Globalisierung, Armut und Gewalt" Aussagen machen soll. Ob es hier erneut zu einer fruchtbaren ökumenischen Zusammenarbeit zum Wohle der amerikanischen Gesellschaft kommen wird, bleibt zu hoffen.

3. Resümee

Die Entwicklungs- und Wirkungsgeschichte des *Sozialen Bekenntnisses* zeigt eine facettenreiche Dynamik: Letztlich hat diese erste kirchliche Stellungnahme der *Methodist Episcopal Church* zu Problemen im Kontext der Industriearbeiter eine kontinuierliche Beschäftigung mit gesellschaftspolitischen Fragen angeregt, Impulse in ökumenischer Zusammenarbeit und Mitverantwortung gegeben und nachweislich einen Beitrag zur Entwicklung des Arbeitsrechtes, der Frauenrechte und der Friedensbewegung geleistet. Hilfreich war dabei sicherlich auch der unabhängige Verband (*MFSS*), der sich engagiert, konzentriert und kompetent mit Zusammenhängen gesellschaftlicher Fragestellungen beschäftigen konnte.

Bewusst zu machen ist, dass die konnexionale Struktur methodistischer Kirchen eine besondere Chance der Verbreitung christlich-ethischer Perspektiven bietet, die auch auf einer internationalen Plattform zur Diskussion über die Tragfähigkeit und je unterschiedliche Anwendbarkeit von Aussagen zu wirtschaftlichen, politischen und sozialen Situationen anregt. Die alle vier Jahre tagende *Generalkonferenz* überarbeitet jeweils neu die Kirchenordnung und die (heute) *Sozialen Grundsätze*, die dann in allen Ländern übersetzt, gedruckt und ins Gespräch gebracht werden (sollen). Im Laufe der Jahrzehnte wurden auch immer mehr politisch und ethisch brisante Themen wie militärische Einsätze als Mittel der Politik, atomare Aufrüstung, Gentechnologie, Homosexualität aufgenommen und insgesamt ein breites Spektrum von Lebensfragen erörtert.

Carl Ordnung schreibt in einer „Untersuchung zum Sozialen Bekenntnis" 1960: „Unsere Kirchenordnung ist nie *fertig* oder gar vollkommen. Sie befindet sich in einem lebendigen Wachstum, solange die Kirche, deren Ordnung sie widerspiegelt, lebendig ist." In diesem Sinne wurde auch am *Sozialen Bekenntnis* kontinuierlich weiter gearbeitet. Spannend ist dann die jeweilige Übertragung des Textes in aktuelle, je verschieden geartete gesellschaftspolitische Kontexte. Eine jüngst in den USA verfasste Dissertation mit dem Titel „A Dialogue has now begun: European Adaptions of the United Methodist Social Principals" untersucht diese „Anpassungen" in Europa und belegt – ohne hier näher auf Details eingehen zu wollen –, dass zumindest in kirchlichen Gremien mit den Texten gearbeitet und engagierte Kirchenglieder mit den kontextuellen Fragestellungen konfrontiert wurden.

Auch heute provoziert die Arbeit an der Aktualisierung und Umsetzung der *Sozialen Grundsätze* weltweit zu Fragen der Kontextabhängigkeit und -bezogenheit der christlich-ethischen Aussagen der *UMC*; hiermit hat sich auch die diesjährige GK 2008 weiter auseinandergesetzt.

Ein historisches Beispiel einer versuchten Kontextualisierung der *Sozialen Grundsätze* im deutschsprachigen Raum ist der Entwurf, den eine Arbeitsgruppe 1975 in der DDR vorlegte. Dort hatten sozial engagierte Methodisten in Anknüpfung an die Arbeit des *MFSS* den *Arbeitskreis evangelisch-methodistischer Christen für gesellschaftliches Handeln* gegründet. Dieser Arbeitskreis beschäftigte sich umgehend intensiv mit den *neuen Sozialen Grundsätzen*, die 1972 verabschiedet worden waren und entlarvte die Aussagen als von einer „bürgerlich-kapitalistischen Gesellschaftsordnung" geprägt.

Hier zeigt sich m.E. deutlich der innovative Charakter der *Sozialen Grundsätze* in einer weltweiten, konnexional verfassten Kirche. Der Grundlagentext kirchlicher Lehre regt an, sich mit der Gesellschaft, in der wir leben, auseinanderzusetzen und den eigenen Standort – auch im Gegenüber zu anderen Gesellschaftssystemen – zu bestimmen.

Leider scheinen die im Begleitwort zum Sozialen *Bekenntnis/Sozialen Grundsätzen* stets gegebenen Anregungen, den Text den Mitgliedern der Gemeinschaft gedruckt auszuhändigen, ihn mindestens einmal jährlich in der Gemeinde vorzutragen, das Bekenntnis im Gottesdienst zu sprechen, in den Gemeinden Ausschüsse zu bilden, die sich mit den Aussagen beschäftigen und konkrete Aktionen daraus ableiten, in Deutschland nur unzureichend beherzigt worden zu sein. Das könnte man teilweise – wie Carl Ordnung es darstellt – mit der pietistisch geprägten Mentalität deutscher Freikirchen (auch Methodisten) erklären. Sicherlich ist dieses Versäumnis aber auch mit der mangelnden Einsicht in die Horizont erweiternden Chancen des theologischen Diskurses einer weltweiten Kirche in einer globalisierten Welt zu sehen, wie auch im unzureichenden Bewusstsein von der untrennbaren Zusammengehörigkeit von persönlichem Glauben und gesellschaftlichem Handeln - von individueller und sozialer Heiligung.

Es wäre zu wünschen, dass zukünftig dieser Impuls in den Gemeinden und Konferenzen deutlicher erkannt und dann auch zum engagierten Gespräch anregen würde, dabei aber nicht stehen bliebe, sondern inspirierend neue Handlungsfelder erkennen und in Angriff nehmen ließe, in der Überzeugung, Gottes erfahrene Liebe vielen Menschen sichtbar und erlebbar zu machen.

Soziale Grundsätze als Inspiration für gesellschaftliches Handeln und persönliche Frömmigkeit

Christine Guse

Meine persönliche Geschichte mit den sozialen Grundsätzen ist gar keine besondere. Ich stamme aus einer sozial durchaus engagierten Heimatgemeinde, war auch später in engagierten Gemeinden, doch die Sozialen Grundsätze als solche waren kaum Thema. Als ich die SG entdeckte, hatte ich das Empfinden, sie wehten mir wie ein erfrischender Wind durch mein Leben und schenkten mir die Möglichkeit, unbedrückt durch- und aufatmen zu können. Wie kam das?

Ich habe eigentlich immer in Gemeinden gelebt, in denen man sich auf die Fahnen schrieb: Wir wollen missionarisch sein. Missionarischer Lebensstil hieß konkret: Wo ich auch bin soll ich auf Leute zugehen, mit ihnen reden, ihnen von Gott erzählen, ihnen möglichst deutlich machen, dass sie Jesus Christus brauchen. Im besten Fall könnte ich sie für den Glauben und die Gemeinde gewinnen, durchaus gegen die Schrumpfung, aber auch aus der Überzeugung: „Gerade du brauchst Jesus". Die innere Haltung, die ich dadurch zunächst gelernt habe, geht davon aus, dass ich etwas habe, was dem Gegenüber fehlt, dass ich irgendwie glücklicher, ausgeglichener, zufriedener ... sein sollte als meine ungläubige Umwelt. In der Begegnung mit anderen sollte ich von vornherein (bei aller Demut) besser dran sein als sie. Missionarisch zu leben bedeutete außerdem, dass alles „weltliche", die Welt an sich, minderwertig sei, unter Umständen sogar zu meiden war.

Je länger, desto mehr empfand ich es als Druck, einem anderen Menschen (wie gut oder wenig gut ich ihn nun gerade kannte) sagen zu sollen, was ihm fehlte und was ich ihm nun Gutes für seine Seele anbieten könnte. Das hat mich befangen und unfrei gemacht.

Wie aber sonst kann ich missionarisch leben, meiner Umwelt deutlich machen, dass Gott uns Menschen liebt und das Beste für uns will, uns vergibt und immer wieder neu mit uns anfängt?

Gott sei Dank gibt es die Sozialen Grundsätze. Sie geben mir eine wunderbare Hilfestellung, meinen Glauben in dieser Welt deutlich werden zu lassen.

1. Zuallererst beeindrucken mich die Sozialen Grundsätzen, weil sie den Menschen als ein absolut wertzuschätzendes Wesen beschreiben. Natürlich kommen Aussagen zur Sprache, dass wir Menschen fehlerhaft und schuldhaft handeln. Aber zuerst ist der Mensch zu achten und wertzuschätzen. In den SG lese ich: „Es sollen Formen der Gemeinschaft gefunden werden, die der persönlichen Entfaltung dienen!" Was ist *das* für eine Freiheit! – eingebunden in die Gemeinschaft, eingebunden in Gottes Schöpfung, aber eben frei. Der erste Gedanke ist nicht der, dass jemand sündig ist, sondern dass ein Mensch Mensch sein darf.

2. Die Sozialen Grundsätze beschreiben eine Haltung, die durchweg offen ist für die Entwicklungen unserer Zeit. Sie sehen, was ist, und verhalten sich dazu. Ich lebe also als Christin inmitten dieser Welt. Die Welt als solche ist nicht schlecht! Man möchte immer wieder den Kopf schütteln ob der Nachrichten, in eine „nie war es so schlimm wie heute-Mentalität" verfallen, doch die SG lenken meinen Blick darauf, dass Gott auch unsere heutige Welt liebt und ich – durch ihn und die frohe Botschaft gestärkt und ermutigt – in dieser Welt etwas bewirken kann. Das mag selbstverständlich sein, und doch ist es wichtig, sich das immer wieder bewusst zu machen. Ein Ringen um die Formulierungen macht diese Offenheit für die Gegenwart deutlich – z.B. beim Thema Homosexualität. Dieses Ringen zeigt mir immer wieder, wie sehr man bemüht ist, Menschen achtsam zu behandeln, niemanden abzuschreiben, sondern alle wertzuschätzen. Gleichzeitig versucht man, sich den Herausforderungen des aktuellen, modernen Lebens zu stellen.

3. Das Ringen um die Formulierungen macht mir deutlich, dass unsere Kirche auf dem Weg ist, dass Antworten sich auch wieder ändern können, aber jetzt eben so gegeben werden. Und das finde ich eine sehr pragmatische und lebbare ethische Grundlage für mein Leben und Handeln. Das empfinde ich auch als eine sehr mutige und lebensnahe Haltung der weltweiten Kirche, der man ja als solcher nicht unbedingt eine große Flexibilität zutrauen müsste. Wie gut tut es, die Kirche als eine Gemeinschaft von Suchenden und immer wieder neu suchenden Geschwistern zu erleben.

4. Allenthalben ist die Rede davon, dass die Welt so unübersichtlich ist und dass man nicht weiß, was man denken soll. Hier finde ich Leitlinien, die sich eine ganze Reihe von Menschen aus unserer Kirche überlegt und verabschiedet haben. Damit kann ich mich auseinandersetzen

und meine eigene Meinung entwickeln. Das gibt mir im Übrigen auch Sicherheit, wenn ich ratlos überlege, was denn nun meine Meinung sein soll. Meine Hoffnung ist, dass Menschen dann neugierig werden, warum ich so handele oder auch denke, und über diese Schiene ein guter Austausch in Augenhöhe zustande kommt. Auf diese Art bin ich bereit und, – wie ich hoffe, – auch fähig, missionarisch zu leben!

Bisher sprach ich über die Sozialen Grundsätze. Noch ein Wort zum Sozialen Bekenntnis. Auch das Soziale Bekenntnis empfinde ich in der Sprache, wie auch die Sozialen Grundsätze, als durchaus sperrig und nicht besonders schön. Aber: Das Soziale Bekenntnis findet am ehesten Eingang in unser Leben, wenn wir das Soziale Bekenntnis immer wieder sprechen und sich das, gerade in seiner Sperrigkeit, festsetzt. Ich bin mit einem Alt-Katholiken verheiratet und habe mit der Zeit in den alt-katholischen Gottesdiensten mitbekommen, wie wichtig geprägte Texte und Abläufe sind. Der katholische Gottesdienst folgt ja festen Abläufen, und das mit Sinn und Verstand. Etwas davon könnten wir uns abgucken, indem wir das Soziale Bekenntnis mehr und mehr in den Schatz der Texte eingehen lassen, die wir gut kennen.

Soziale Grundsätze: weltweite Gültigkeit und lokaler Kontext

Martin Roth

Seit Anfang August haben wir in der Schweiz einen neuen Superintendenten. Nach den ersten paar Wochen im Einsatz wurde er gefragt: Was ist dein prägender Eindruck bisher? Die Antwort lautete: „Prägend war die Feststellung, dass alle Gemeinden, die ich besuchte, bei der Begrüßung erklärten: „Wir sind keine typische EmK – Gemeinde."

Dabei sind wir eine Weltkirche. Unser Glauben und Handeln beschränkt sich nicht auf die unmittelbare Umgebung. An der Konferenz „Living Faith Seeking Justice" in Fort Worth fragten die afrikanischen und asiatischen Teilnehmenden, wann sie ihre traditionellen Kleider tragen sollen. Die Empfehlung war: Am Eröffnungsabend, damit alle Teilnehmenden sehen, dass wir eine Gemeinschaft aus vielen Nationen sind.

Da besteht eine recht große Spannung zwischen den Ansprüchen der einzelnen Gemeinde, eben gerade nicht eine typische EmK zu sein, und dem anderen Anspruch zumindest der Gesamtkirche, eine Weltkirche zu sein. In dieser Spannung gilt es Ausschau zu halten nach dem Verbindenden und Einenden. Meine Erfahrung ist, dass gerade in der Schweiz – hier mache ich ja meine Beobachtungen und Erfahrungen – eine stark kongregationalistische Tendenz verbunden mit kircheneigenem Individualismus so ausgeprägt sind, dass nur selten nach dem Verbindenden gesucht wird.

Für mich gehören das *Soziale Bekenntnis* und die *Sozialen Grundsätze* zu den ganz starken verbindenden Bändern. Nicht umsonst betont die Generalkonferenz im Vorwort:

„Die Sozialen Grundsätze sind eine von Gebet und Nachdenken getragene Bemühung auf Seiten der Generalkonferenz, die grossen Themen des Menschen in der gegenwärtigen Welt von einer soliden biblischen und theologischen Grundlage aus zu behandeln, wie es, wie die Geschichte zeigt, die Tradition der *United Methodists* ist. Sie sind ein Aufruf zur Gewissenhaftigkeit und sollen im besten prophetischen Geist belehrend und überzeugend wirken*; jedoch sind sie nicht Teil des Kirchenrechts.*

Die Sozialen Grundsätze stellen einen Aufruf an alle Mitglieder der *United Methodist Church* dar, einen wohl überlegten, von Gebet begleiteten Dialog in Glauben und Praxis zu führen."

Wie wichtig und stark diese einigende Haltung gemeint ist, kommt zudem in der Empfehlung der Generalkonferenz zum Ausdruck, die sie nach dem *Sozialen Bekenntnis* anfügte:

Es wird empfohlen, dass diese Erklärung der Sozialen Grundsätze den Christen in der *United Methodist Church* ständig zur Verfügung stehen und dass sie regelmässig in jeder Gemeinde zur Sprache kommen. Darüber hinaus wird empfohlen, dass „Unser Soziales Glaubensbekenntnis" häufig im Sonntagsgottesdienst verwendet wird.

Aber wie gehen wir mit diesem starken Band um? Immer wieder wurde der Eindruck, nicht ganz unbegründet, geweckt, dass diese Grundsätze sehr stark auf dem Hintergrund der US-amerikanischen Gesellschaft verfasst wurden. Nach meinen Beobachtungen hat sich der *General Board of Church and Society* erst unter der Führung von Jim Winkler mehr bemüht, die Stimmen aus den Zentralkonferenzen zu hören. Das ist eine enorm wichtige Entwicklung, wenn die Grundsätze wirklich das zusammenhaltende Band sein sollen.

Die Vereinigungsgeneralkonferenz 1972 gab den Auftrag zu einer Totalrevision der Grundsätze. Seit dem ist ihre Struktur mit den sechs Kapiteln immer die gleiche. Allerdings wurde bei jeder GK geändert, zugefügt oder weggelassen. In unserer ZK von Mittel- und Südeuropa hatten wir den Eindruck, bis wir mit allen Übersetzungen soweit waren, stand die nächste Revision bereits wieder vor der Türe. Dieser rasche Wechsel macht es nicht leicht, zu einem gültigen und verbindlichen Text zu gelangen.

Zudem nahmen die einzelnen Artikel an Umfang immer mehr zu. Dabei darf man sich bestimmt fragen, ob der Artikel dann noch ein Grundsatz ist, oder ob er schon eher einer Resolution entspricht, die ein Thema vertiefend aufgreift und auch Handlungshinweise gibt. Nach Wikipedia gilt:

Ein *Grundsatz* ist eine Erkenntnis, Aussage oder Regel, welche die Grundlage für nachfolgende Überlegungen, Aussagen oder Tätigkeiten bildet.

Grundsätze und Systeme von Grundsätzen sind im Regelfall

- allgemein anerkannt und verpflichtend
- klar formulierbar
- nicht weiter reduzierbar

Lesen wir zum Beispiel III 10 (Art. 162) „Alkohol und andere Drogen", so scheint mir das schon eher ein Aufsatz als ein Grundsatz zu sein. Dazu ist zu bedenken, je ausführlicher ein Grundsatz gestaltet ist, desto schwieriger wird es sein, ihm weltweite Anerkennung zu geben und ihn als verpflichtend anzuerkennen.

In der Übernahme der *Sozialen Grundsätze* der Generalkonferenz durch unsere ZK oder oft auch gemeinsam für den deutschsprachigen Text mit der ZK in Deutschland zusammen, war immer wieder die Auseinandersetzung da, wie wir mit diesem Text umgehen sollten.

Da war der vom obersten Organ der Kirche genehmigte Text. Aber schon bei den Vorüberlegungen zur Übersetzung waren zwei Stimmen da:

1. Auf der einen Seite: Dieser Text ist verbindlich, den müssen wir so übernehmen. Es geht nur darum, dass wir ihn möglichst genau übersetzen. Diese Texttreue bringt zum Ausdruck, dass wir Teil der weltweiten United Methodist Church sind.
2. Auf der anderen Seite: Wir müssen die Sozialen Grundsätze so adaptieren, dass wir damit in unserem gesellschaftlichen Umfeld bestehen können und die Menschen die Relevanz dieses Textes erkennen. Nur so wird klar, dass wir uns als Kirche den Fragen, Sorgen und Problemstellungen in Europa stellen und aus dem Glauben versuchen, Antworten darauf zu geben.

Als ein Beispiel zitiere ich aus dem Protokoll der ZK von Mittel- und Südeuropa 1973:

> „Nach eingehender Beratung schlagen wir vor, dass die *Darstellung der Sozialen Grundsätze* und *Unser Soziales Bekenntnis* in der vorliegenden Fassung (Generalkonferenz 1972) nicht in die Kirchenordnung aufgenommen werden sollen.
>
> Die Diskussion im Ausschuss hat ergeben, dass die in dieser Unterlage enthaltenen Grundsätze im Hinblick auf die jeweils gegebenen nationalen bzw. regionalen Strukturen und Verhältnisse nicht anwendbar sind.

> Wir haben uns darüber Gedanken gemacht, ob *Soziale Grundsätze* in der vorliegenden Form oder in ähnlicher Form für die Kirche überhaupt relevant sind, und ob es tatsächlich Aufgabe der Kirche ist, ein derartiges soziales Forderungsprogramm zu entwickeln.
>
> Wir nehmen in diesem Zusammenhang Bezug auf die an diese Konferenz gerichtete Botschaft des Bischofs und zitieren daraus: „Die Ziele der Kirche sind demnach letztlich nicht die Verwirklichung irgendwelcher Gesellschaftsformen, sondern das Kommen des Reiches Gottes. ... So lebt und wirkt der Christ auf die verheißene Zukunft Gottes, auf das neue Reich hin. Aus dieser Bindung an seinen Herrn, der da war und der da wiederkommen wird, ergibt sich für den Christen in jeder Zivilisations- und Kulturstufe seine Grenzsituation."
>
> Wir verstehen die vorliegenden *Sozialen Grundsätze* und das vorliegende *Soziale Bekenntnis* nur als Arbeitsdokument, mit welchem die Arbeitsgruppe 1973-77 im Einvernehmen mit den einzelnen Jährlichen Konferenzen bzw. den zuständigen Kommissionen für Sozialen Dienst arbeiten soll."

Das Ergebnis dieser Arbeit sah an der ZK 1977 folgendermaßen aus:

In der damaligen Situation der ZK mit der Teilung durch den sogenannten Eisernen Vorhang schien es der Zentralkonferenz nicht möglich, mehr vom englischen Text zu übernehmen. Die Angst war da, dass mit dem vollen Text der Grundsätze irgendwelche Probleme mit dem Staat entstehen könnten. Die ZK nahm dementsprechend Rücksicht auf die JK's in den sozialistischen Ländern, versuchte aber doch, das Band der weltweiten Kirche soweit wie möglich zu halten.

Vor allem seit 1997 wurde besonders in unserer ZK die Stimme lauter, dass die Sozialen Grundsätze ohne jegliche Adaption einfach übersetzt werden sollten. Einen Anstoß dazu gab der Abschnitt über die menschliche Sexualität mit dem Schlussabschnitt zur Homosexualität. Zusammen mit der ZK in Deutschland schlugen wir der ZK vor, den Text leicht zu adaptieren. Dieser Antrag wurde angenommen.

Jedoch wenige Wochen nach der ZK bekam ich die Mitteilung aus Polen, dass sie die Übersetzung fertiggestellt und bereits gedruckt hätten, aber die Adaption nicht angenommen hätten. Auf die Adaption der ZK wurde nicht einmal hingewiesen. Damals lautete die offizielle Begründung, dass das geschehen sei aus Rücksicht darauf, dass eine texanische Uni die Übersetzung gesponsert habe. Wirklicher Grund war, dass die EmK in Polen den adaptierten Text in ihrem Land nicht vertreten wollte, aus Rücksicht auf das Empfinden der Mitglieder und der Gesellschaft.

Etwas später kam die französische Übersetzung zustande. Dort wurde der adaptierte Text in eine Fußnote verbannt, im eigentlichen Text stand ebenfalls die Originalvariante. Die Begründung lautete: Diesen Text können wir in Frankreich nicht akzeptieren.

Auf ein weiteres Problem aufmerksam machen möchte ich mit dem Hinweis auf zwei Abschnitte, die an der GK 2004 neu hinzukamen:

II Die menschliche Gemeinschaft (Art. 161)
11. Der Dienst an denjenigen, die eine Abtreibung erlebt haben

III Die soziale Gemeinschaft (Art. 162)
17. Gewalt in den Medien und christliche Werte

In diesen Abschnitten tauchen konkrete Forderungen und Anweisungen an die Kirche, die einzelnen Gemeinden, die Pfarrer und Pfarrerinnen und die einzelnen Glieder der Kirche auf. Für mich sind das aber keine Grundsätze mehr. Vielmehr haben diese Texte bereits die Form einer Resolution, mit der die Kirche deutlich machen will, wie sie einen Grundsatz umsetzen und damit aus dem papiernen Zustand zur Aktion machen will.

Solche Forderungen und Anweisungen können aber nicht in allen Gegenden der Welt gleich lauten.

Im Blick auf eine gründliche Überarbeitung der Sozialen Grundsätze müssten meiner Ansicht nach folgende Anliegen berücksichtigt werden:

1. Die GK muss bei den *Sozialen Grundsätzen* zurückfinden zu wirklichen Grundsätzen, die ein einigendes Band der weltweiten Kirche darstellen. Zur Erarbeitung dieser Grundsätze braucht es ein Team, das aus allen Teilen der UMC zusammengesetzt ist, damit die Stimmen und Empfindungen aller Weltgegenden Beachtung und Berücksichtigung finden.

2. Die Umsetzung der Sozialen Grundsätze in Aktion geschieht durch Resolutionen.

3. Resolutionen können je nach Weltgegend und JK verschieden lauten. Daher wird es vermehrt Aufgabe der Zentralkonferenzen und Jährlichen Konferenzen, sich mit dem Anliegen der Umsetzung der Sozialen Grundsätze in die Praxis ihres Gebietes zu befassen.

Entwurf des *Arbeitskreises evangelisch-methodistischer Christen für gesellschaftliches Handeln* zur Adaption der Sozialen Grundsätze für die DDR 1975

[Erläuterungen zur Entstehung des Textes in: Ordnung, Carl: Der „Arbeitskreis evangelisch-methodistischer Christen für gesellschaftliches Handeln“ in der DDR (1969-77). In: EmKG 23/2 (2002), S. 23 – 44]

Dieser Versuch, Grundlinien für einen Entwurf gesellschaftlicher Grundsätze der EmK in der DDR zu skizzieren, geht von den 1972 von der Generalkonferenz verabschiedeten Sozialen Grundsätzen aus. Er bemüht sich, in derselben Grundeinstellung an gesellschaftlichen Sachverhalte heranzugehen, wie das die Verfasser der Sozialen Grundsätze in ihrer Situation, den USA, taten.

Jene Grundsätze gehen von einer bürgerlich-kapitalistischen Gesellschaftsordnung aus. Diese Gesellschaftsstruktur wird an keiner Stelle prinzipiell in Frage gestellt. Die Tatsache, dass Begriffe wie Kapitalismus und Sozialismus in den Grundsätzen nicht auftauchen, ist ein Zeichen für diese Haltung. Eine Alternative zur kapitalistischen Gesellschaftsordnung kommt nirgendwo in Sicht. Bei aller Kritik im Einzelnen verstehen sich die Verfasser als loyale und bewusste Mitglieder dieses Gesellschaftssystems. An manchen Stellen wird deutlich, dass nicht einmal das kapitalistische System als Ganzes den Aussagen zugrunde liegt, sondern spezifische Verhältnisse in den USA. Unter III/K geht es um das *Leben auf dem Land.* Wenn dabei von *unserem Volk* geredet wird, ist eindeutig die Bevölkerung der USA gemeint. In der Diskussion um die Formulierung der Grundsätze ist diese Einseitigkeit kritisiert worden. Die Sozialen Grundsätze würden sich wie die politische Plattform der Demokratischen Partei lesen, ist dabei ausgesprochen worden. Oder es wurde festgestellt: Wenn die EmK das Recht auf Privateigentum anerkennt, dann glaubt sie an eine Form freier kapitalistischer Unternehmen. Damit identifiziert sie sich mit dem Kapitalismus.

Der hier vorgelegte Entwurf geht demgegenüber von der sozialistischen Gesellschaft als dem sozialen und politischen Lebensraum der EmK in der DDR und der grundsätzlichen Loyalität ihrer Glieder gegenüber dieser Gesellschaft aus. Dabei kann er allerdings die kapitalistische Gesellschaft nicht ebenso ignorieren, wie das die Sozialen Grundsätze mit dem Sozialismus tun. Denn die sozialistische Gesellschaft entwickelt sich in der Auseinandersetzung mit der kapitalistischen. Sie steht in einem ständigen Ringen mit den zählebigen Nachwirkungen des Kapitalismus. Weil sie noch in der Entwicklung begriffen ist, bedarf sie der ausdrücklichen Bejahung und bewussten Unterstützung durch ihre Mitglieder. Andererseits versucht der Entwurf, ebenso konkret und direkt gesellschaftliche Sachverhalte und Zusammenhänge anzusprechen, wie das die Sozialen Grundsätze tun.

Wegen der unterschiedlichen gesellschaftlichen Situationen und der sich daraus ergebenden unterschiedlichen Schwerpunkte in der politischen Verantwortung der Christen, müssen auch Gliederung und Aufbau verändert werden. Da außerdem die EmK in der DDR sich nicht auf eine lebendige Tradition gesellschaftlicher Verantwortung und Aktion berufen kann wie der Methodismus in den USA, empfiehlt es sich, mit einigen prinzipiellen Erwägungen zu dieser Frage einzusetzen.

Bei dem folgenden Text handelt es sich nicht um einen ausführlichen Entwurf, sondern um den Versuch, Grundlinien zu skizzieren, die diskutiert, gegebenenfalls verändert und natürlich präzisiert werden müssten.

I.

Weil Gott die Welt liebt (Joh. 3, 16) und weil Jesus Christus seine Jünger zu den Menschen sendet (Joh. 20, 21), schließen Zeugnis und Dienst des Christen gesellschaftliche Verantwortung ein.

Die Kirche ist an keine Gesellschaftsordnung gebunden, aber sie kann auch nicht gesellschaftlich neutral sein. Will sie ihrem Auftrag treu bleiben, muss sie ihre Glieder auf diejenigen Lösungen sozialer und ökonomischer Probleme orientieren, die mehr soziale Gerechtigkeit für alle und erfüllteres menschliches Leben bringen. Dabei darf sie Einzelfragen nicht isolieren; sie muss vielmehr die gesellschaftliche Gesamtkonzeption prüfen. Obwohl immer politische Wirkungen von der Kirche ausgehen, so ist sie doch selbst primär nicht eine politische Institution, sondern eine spirituelle Kraft.

Darin unterscheidet sie sich von allen anderen gesellschaftlichen Organisationen. Sie handelt nicht als politische Gruppe. Sie verkündet die Gute Nachricht von der Annahme aller Menschen durch Gott in Jesus Christus. Was das für politische Verantwortung im konkreten Fall bedeutet, praktiziert der einzelne Christ an seinem Platz in der Gesellschaft.

Im Folgenden soll eine Grundorientierung für das gesellschaftliche Handeln von Gliedern der EmK in der DDR gegeben werden.

II.

Wir leben in einer Welt, in der die Nationen ihr Leben im Wesentlichen nach zwei unterschiedlichen Gesellschaftsordnungen gestalten: nach dem Kapitalismus oder dem Sozialismus. Alle Versuche, eine dritte Ordnung menschlichen Zusammenlebens zu etablieren, haben sich bisher als Illusionen und Irrwege erwiesen. Es scheint, dass es zu den Gesetzmäßigkeiten des gesellschaftlichen Lebens gehört, dass es nicht unendlich viele Modelle gesellschaftlicher Strukturen in einer bestimmten Epoche gibt.

Beide Gesellschaftsordnungen stehen in Spannung zueinander. Weil Gottes Wille mit uns Menschen Friede heißt und weil der Krieg mit der Botschaft Jesu unvereinbar ist, treten wir dafür ein, dass diese Spannung in friedlicher Koexistenz ausgetragen und dass alle Streitfragen durch Verhandlungen geklärt werden. Das schließt eine Absage an alle Formen des Kalten Krieges ein und erfordert vertraglich geregelte Zusammenarbeit auf möglichst vielen Gebieten.

Politische Entspannung kann nur dann dauerhaft sein, wenn sie durch militärische Entspannung ergänzt und gefestigt wird. Deshalb halten wir eine allgemeine und totale Abrüstung für dringend geboten. Wir wollen als Kirche mit den uns gegebenen Mitteln dazu beitragen, dass eine Atmosphäre entsteht, in der effektive Abrüstungsmaßnahmen durchgesetzt werden können. Die dadurch frei werdenden Mittel sollten vor allem den Menschen in den Entwicklungsländern zugute kommen.

Wir sehen in der UNO ein wichtiges Instrument weltweiter Zusammenarbeit und Friedenssicherung. In ihrem Sinne wollen wir mithelfen, dass alle Formen von Rassendiskriminierung und kolonialer Ausbeutung und Unterdrückung beseitigt werden.

III.

Wir glauben, dass die Erde Gottes Schöpfung und dass der Mensch als Haushalter darüber eingesetzt ist. Sein Auftrag ist es, die Schöpfung zu erhalten und zu gestalten und sie dem Menschen dienstbar zu machen. Die Zerstörung der natürlichen Umwelt des Menschen, wie sie als Folge unbedachter Industrialisierung und eines hemmungslosen Profitstrebens geschieht, ist gegen Gottes Auftrag.

Als Christen wissen wir uns verpflichtet, unseren Beitrag zur Erhaltung von Natur und Umwelt und zum verantwortlichen und sparsamen Einsatz natürlicher Ressourcen zu leisten. In diesem Sinne sind wir dankbar für das Landeskulturgesetz unseres Staates; als dessen Bürger setzen wir uns für seine volle Verwirklichung ein.

Wir befürworten die Erweiterung des menschlichen Wissens durch Erforschung des Weltraums, vorausgesetzt, dass dieses Wissen zum Wohl der Menschen angewandt wird.

IV.

Als Glieder der EmK in der DDR sind wir gleichzeitig Bürger unseres sozialistischen Staates. Wir sehen im Aufbau des Sozialismus einen umfassenden Versuch, neue Formen des gesellschaftlichen Zusammenlebens zu gestalten, durch die Ausbeutung, Konkurrenzkampf und Profitstreben überwunden werden. Der Aufbau einer neuen Gesellschaft – zumal wenn sie sich im fortwährenden Kampf gegen die alte durchsetzen muss – ist eine komplizierte Aufgabe, die nicht ohne Hingabe und Einsatzbereitschaft gelöst werden kann. Sofern der Sozialismus eine gerechte Form menschlichen Zusammenlebens verwirklichen will, stellen wir ihm unsere Kräfte zur Verfügung.

Es ist eine geschichtliche Erfahrung, dass der Aufbau einer sozialistischen Gesellschaft ohne eine Arbeiterpartei als politische Führungskraft und ohne auf marxistischer Analyse basierende Gesellschaftskonzeption nicht möglich ist. Wir wissen uns zum Dienst und nicht zur Ausübung von Macht und Herrschaft in die Welt gesandt. Wir sind in der Nachfolge Jesu Christi zu Dienst und Beitrag, wo immer solcher Dienst und Beitrag nötig sind und gewünscht werden, bereit.

Wir meinen, dass die Sozialisierung der Produktionsmittel dem Gedanken christlicher Haushalterschaft näher steht als deren privater Besitz. Wir wollen verantwortlichen Umgang mit Volkseigentum fördern.

Auch wenn wir wissen, dass der Mensch nicht durch das, was er leistet, vor Gott gerechtfertigt ist, halten wir die Verwirklichung des Recht auf Arbeit für eine Errungenschaft. Dasselbe gilt für die sozialen und kulturellen Menschenrechte (Gesundheit, Bildung, Erholung usw.), die in Einklang mit den gesellschaftlichen Bedürfnissen und nach Maßgabe der materiellen Möglichkeiten verwirklicht werden. Für uns sind Menschenrechte in erster Linie Mitmenschenrechte, für die wir uns einsetzen.

V.

Wir glauben, dass die Familie die grundlegende menschliche Gemeinschaft ist. Deshalb wollen wir alles tun, sie als Grundfaktor der Gesellschaft zu stärken, damit jedes ihrer Glieder zur vollen Persönlichkeit heranreifen kann.

Wir unterstreichen die Unverletzlichkeit des Ehebundes, halten aber in Ausnahmefällen eine Scheidung für möglich und setzen uns dafür ein, dass Ehelose vor allem auch in der Kirche nicht benachteiligt werden.

Wir begrüßen es, dass die Gleichberechtigung der Frau in der sozialistischen Gesellschaft Tatsache ist. Wir treten für die Durchsetzung dieses Grundsatzes auf allen Ebenen kirchlichen Lebens ein.

Wir erkennen die Sexualität als gute Gabe Gottes an und wenden uns gegen jeden Missbrauch, der der uns von Gott verliehenen Menschenwürde schadet oder sie zerstört.

Weil wir von der Heiligkeit auch des noch ungeborenen Lebens überzeugt sind, rufen wir alle Glieder unserer Kirche zu verantwortlicher Familienplanung auf, die Schwangerschaftsunterbrechung unnötig macht. In Übereinstimmung mit alter christlicher Lehre erkennen wir aber an, dass tragische Lebenskonflikte eine Schwangerschaftsunterbrechung in Ausnahmefällen rechtfertigen können.

VI.

Auch wenn wir im Sozialismus im Vergleich zu allen anderen Gesellschaftsformen eine gerechtere Form menschlichen Zusammenlebens erkennen, auch wenn wir Engagement, Hingabe und Opferbereitschaft vieler unserer Mitmenschen für diese Sache aufrichtig schätzen, so wissen und bezeugen wir doch, dass das alles die Botschaft Jesu Christi nicht ersetzt oder überflüssig macht. Alle unsere Mitmenschen, mit denen wir zusammen arbeiten, leben und feiern, bleiben der Erlösung bedürftig. Ihnen das auszurichten, dass sie diese letzte Rechtfertigung in Ihm finden, ist der tragende Grund allen unseren gesellschaftlichen Handelns.

Mission = Evangelisation + Soziales Handeln

Ulrich Jahreiß

Hinführung

Würde man in einer unserer EmK- Gemeinden fragen: *Was ist die wichtigste Aufgabe in unserer Kirche?*, würden wahrscheinlich viele antworten: *die Evangelisation!* Vermutlich schon weniger würden auf die Bewältigung sozialer Probleme hinweisen. Wieder andere würden die große Bedeutung des Betens betonen, andere würden sich für die Belange von Gerechtigkeit, Frieden und Bewahrung der Schöpfung entscheiden.

Es ist äußerst wichtig für die Mission unserer Kirche zu begreifen, dass es nicht sinnvoll ist, hier in Alternativen zu denken und zu handeln. Vielmehr müssen wir in diesem Zusammenhang biblische Aussagen und unsere methodistische Kirchengeschichte daraufhin prüfen, wie wir *Mission* für uns definieren und wie wir diese Einsichten dann in Tätigkeiten möglichst effizient und sinnvoll umsetzen.

Ich will in dem folgenden Text einige biblische, vor allem neutestamentliche, Zusammenhänge daraufhin befragen und aus unserer methodistischen Tradition Schlüsse zu ziehen versuchen, – denn beiden *Quellen* unserer Erkenntnis sind wir verpflichtet.

Und ich will Mut machen. Denn ich bin überzeugt, dass unser Herr noch einiges vorhat mit unseren Gemeinden!

Die Teile 1 bis 4 versuchen die drei Schlüsselworte zu klären bzw. zu umschreiben, Teil 5 bietet Anregungen zum Gespräch in bestehenden Gemeindegruppen.

1 Was ist Mission? - Biblische Grundlegung

Wenn wir über das Wort *Mission* nachdenken, kommt uns wohl gleich in den Sinn, wir müssten etwas für die Ausbreitung des Reiches Gottes tun, vielleicht sogar, wir müssten selbst so etwas wie *Missionare / Missionarinnen* sein. In diesem Zusammenhang ist es nötig, wahrzunehmen, dass Gott selbst am Anfang aller missionarischen Tätigkeit steht.

In Gal 4, 4 lesen wir: „Als aber die Zeit erfüllt war, sandte Gott seinen Sohn, geboren von einer Frau ... ". Dem Wort *senden* entspricht in der lateinischen Sprache das Wort *mittere* bzw. das Substantiv *missio*. Die Fleischwerdung Gottes in Jesus von Nazaret (Joh 1, 14) ist die Mission Gottes, er selbst ist der *Missionar*!

Als Jesus sich von seinen Jüngern verabschiedet, gibt er ihnen eine sehr klare Anweisung: „Wie mich der Vater gesandt hat, so sende ich euch" (Joh 20, 21). Und was gibt Jesus seinen Jüngern mit auf den Weg? Zum Beispiel die Zusammenfassung bzw. Zuspitzung der alttestamentlichen Botschaft in der Bergpredigt, beginnend mit den Zusagen der Seligpreisungen und gipfelnd im Gebot der Feindesliebe. Nach dem Matthäusevangelium gibt Jesus seinen Jüngern einen Auftrag: „Gehet hin und macht zu Jüngern alle Völker, ... , und lehret sie halten alles, was ich euch befohlen habe" (Mt 28, 19f.).

Wenn wir nachforschen, was Jesus *befohlen* hat, müssen wir uns sein Lebenswerk anschauen, was er als seinen Lebensinhalt angesehen hat.

Sammelberichte, wie etwa Mt 4, 23 oder 9, 35, fassen Jesu Tätigkeit mit zwei Worten zusammen: *Jesus predigte und heilte.*

Predigen wird beschrieben als *die Gute Nachricht vom Reich Gottes verkündigen, heilen* als *Befreiung von Krankheit und Gebundenheiten.*

Wie wird dieses *Programm Jesu* näher beschrieben?

Lk 4, 14-21 schildert das, wobei dieser Text auf den Anfang von Jesaja 61 zurückgreift.

V. 18: Verkündigen das Evangelium den Armen,
verkünden die Freiheit den Gefangenen,
verkünden die Sehfähigkeit den Blinden,
verkünden die Befreiung den Unterdrückten,

V. 19: Ansagen das Gnadenjahr des Herrn =
Befreiung (Rückgriff auf 3. Mose 25 = „Erlassjahr").

Die *Predigt* Jesu in Nazaret ist kurz, nach der Lesung des Prophetentextes fügt er hinzu: „Heute ist das alles erfüllt vor euren Augen!"

Wie das? Ganz einfach – Jesus deutet klar an: Das geschieht durch mich, weil ich da bin, weil ich dementsprechend handle.

2 Was heißt Evangelisation?

2.1 *Evangelium* und *evangelisieren* geben griechische Wörter wieder und bedeuten *Gute Nachricht* und *die Gute Nachricht verkünden*. Das geschieht durch unsere Bibel:

* im Alten Testament: Wie Gott mit seinem auserwählten Volk Israel unterwegs war, wie er dieses Volk aus der Sklaverei Ägyptens befreite, wie er seinem Volk das versprochene Land gab, wie er sein Volk immer wieder zu sich zurückrief durch die Propheten, seinen Geboten und Verheißungen zu folgen.

* Im Neuen Testament begegnen wir der Guten Nachricht vor allem im Leben des Jesus von Nazaret, in seinen Worten und Taten, in seinem Leiden, Sterben und Auferwecktwerden, um alle Menschen in eine neue Beziehung zu dem Gott zu rufen, den Jesus „mein Vater" nannte. Weiter wird uns berichtet, wie die Gute Nachricht Menschen außerhalb Israels erreicht, „bis an die Enden der Erde", und ihr Leben neu gestaltet.

2.2 Der Wille Gottes ist in einem Satz in 1.Tim 2, 4 zusammengefasst: „Gott will, dass allen Menschen geholfen werde und sie zur Erkenntnis der Wahrheit kommen", und diese Wahrheit ist Jesus Christus selbst (Joh 14, 6). Das Selbstzeugnis Jesu in Joh 12, 47 weist in diese Richtung „Ich bin nicht gekommen, dass ich die Welt richte, sondern dass ich die Welt rette."

2.3 Evangelisation ist das Zeugnis von der in Jesus von Nazaret Mensch gewordenen Liebe Gottes. Unter Evangelisation verstehe ich, Menschen zu einem Leben mit Jesus Christus einzuladen und sie in ihrem Leben in der Heiligung zu begleiten.

3 Was bedeutet „heilen" im Neuen Testament?

3.1 Es ist unbestreitbar, dass Jesus viele Menschen von ihren Krankheiten befreit hat, gemeinhin bezeichnen wir diese Ereignisse als *Wunder*. Nach der Darstellung des Johannesevangeliums verstehen wir sie als Zeichen, dass das Reich Gottes – durch ihn – im Kommen ist.

3.2 Was bei dem Stichwort *heilen* leicht in den Hintergrund tritt, ist die Tatsache, dass es Jesus vornehmlich darum ging, Menschen in die Beziehung zu Gott zurückzuführen. An vielen Beispielen können wir das erkennen, gerade wenn es sich um Wunder handelt: z.B. die Heilung des Gelähmten (Mk 2) – umfasst Befreiung von seiner Krankheit und zugleich Vergebung seiner Sünden, – hier geht es um die Wiederherstellung seiner Beziehung zu Gott; oder: zehn Leprakranke werden körperlich gesund, einer wird ganz heil, weil er in seinem Gesundwerden die Tat Gottes sieht und ihm die Ehre gibt (Lk 17, 11ff.); oder: Zachäus erkennt in der Begegnung mit Jesus sein falsches Handeln und kehrt um, – Jesus bestätigt ihm, dass ihm und seinem Hause *Heil* widerfahren ist (Lk 19), er erstattet sein zu unrecht erschlichenes Geld den Geschädigten und gibt den Armen; oder: Jesus wendet sich ausdrücklich den Ausgeschlossenen und Abgeschriebenen zu, was ihm die heftige Kritik der frommen Gesellschaft einträgt (Lk 15, 1f).

Es geht in diesen und vielen weiteren Begegnungen mit Jesus ganz einfach darum, dass diese Menschen geheilt werden: von ihren Krankheiten, in ihrer Gottesbeziehung und auch in ihren Beziehungen zu ihren Mitmenschen, es geht Jesus in seinen Heilungen um ganzheitliches Heilwerden dieser Menschen.

4 Mission im frühen Methodismus

4.1 John Wesley hat im Lauf seines Lebens 40.000 Mal gepredigt, akribisch in seinen Tagebüchern verzeichnet – eine für uns Heutige nicht fassbare psychische und auch körperliche Leistung. In seinen Predigten wandte er sich vornehmlich an die unterprivilegierte Schicht der englischen, walisischen und auch irischen Bevölkerung. Gleichwohl suchte er auch den Kontakt zu den adeligen Kreisen seiner Zeit, wenn er auch bekannte, dass seine vornehmliche Sorge den Armen galt. Zehntausenden hat er in seiner Verkündigung das volle Heil durch Jesus Christus nahe gebracht und diese Menschen nach ihrer Bekehrung dann in seinen *Klassen* und Gemeinschaften seelsorgerlich gefördert, unter Mithilfe von vielen Laien, Männern und auch Frauen; dabei erwies er sich auch als ein umsichtiger Organisator.

4.2 John Wesley hat neben seiner evangelistischen Tätigkeit sehr umfangreiche soziale Initiativen entwickelt, die weniger stark in unserem Bewusstsein vorhanden sind und dementsprechend auch weniger unser missionarisches Handeln bestimmen.

Entscheidend wichtig ist hier die Einsicht, dass Wesley beide Komponenten seiner missionarischen Tätigkeiten immer ganz eng miteinander verknüpft hat; ein von ihm sehr oft zitierter Text ist Gal 5, 1: „Der Glaube ist in der Liebe tätig.“ Es sind nicht einfach philanthropische Aktivitäten, die Wesley entfaltete, vielmehr sind sie bestimmender Anteil seiner theologischen Einsicht, dass Gott *alle* Menschen liebt und mit seiner Gnade beschenkt. Es genügt nicht, John Wesleys soziale Initiativen als historisch oder sozialgeschichtlich bedeutsam anzusehen, sie sind vielmehr theologisch wichtig, wenn wir etwa zwei Aussagen aus dem 1. Johannesbrief betrachten: „ ... dies Gebot haben wir von ihm, dass, wer Gott liebt, dass der auch seinen Bruder liebe“ (4, 21); „ ... lasst uns nicht lieben mit Worten oder mit der Zunge, sondern mit der Tat und mit der Wahrheit“ (3, 18).

4.3 Wegen der großer Bandbreite seiner sozialen Aktivitäten werde ich im Folgenden bewusst ausführlich darstellen, auf welchen Feldern John Wesley wesentliche Impulse für die soziale Ausgestaltung der englischen Gesellschaft seiner Zeit gegeben hat - und weit darüber hinaus.

4.3.1 Hilfe und Unterstützung für die Armen

John Wesley unterstützte Arme sehr oft direkt – mit Nahrungsmitteln, Kleidung, Medikamenten und Kohlen für den Winter.

Wesley schrieb ein Buch, „Primitive Physics“, das 32 Auflagen (17 zu seinen Lebzeiten) erfuhr und in kaum einem englischen Haus fehlte. Darin behandelte er folgende Gesichtspunkte: Erkennung und Behandlung von Krankheiten, richtige Ernährung und Hygiene. Wie hier, so auch auf anderen Gebieten hat Wesley sich in verschiedene Fachgebiete eingearbeitet, wie er überhaupt Anregungen von außen gerne aufnahm und sie auf seine Weise in seine Missionsstrategie einbezog.

Wesley richtete Darlehenskassen ein, um seine Mitglieder vor Kredithaien zu schützen. Auf diese Weise ermöglichte er vielen Methodisten den Aufbau einer eigenen beruflichen Existenz.

Er initiierte Arbeitsmöglichkeiten für Arbeitslose – manche Kapellen waren während der Woche kleine Fabriken –, vornehmlich auf dem Textilsektor.

Neben diesen Direkthilfen setzte sich Wesley nachdrücklich gegen die Produktion und den Konsum von starken alkoholischen Getränken ein, er verlangte die Einführung von gerechten Arbeitsentlohnungen, gerechte Verbraucherpreise und Arbeitsmöglichkeiten für alle. Eine Landreform war ihm ein Anliegen mit dem Ziel, die Großgrundbesitzer zu entmachten. In der 2. Hälfte des 18. Jahrhunderts fand der „große Landraub“ in England statt, der die Gemeinnutzung von Landflächen in den Besitz der Großgrundbesitzer überführte; in diesem Zusammenhang verlangte Wesley, dass „kein Großgrundbesitz mehr als 100 Pfund Sterling pro Jahr erwirtschaften“ dürfe (Wesley bezog in jener Zeit von der Universität Oxford ein Jahresgehalt von 28 Pfund; bis zu seiner Heirat, aber auch danach gab er nicht mehr für sich selbst aus). Was aber wohl viel entscheidender war: Wesley beeinflusste durch seine umfangreichen Aktivitäten das soziale Gewissen der englischen Gesellschaft. Unter dem 9. Februar 1753 vermerkt John Wesley in seinem Tagebuch: „Die landläufige Meinung ist teuflisch falsch, dass die Armen arm seien, weil sie faul seien.“

4.3.2 Bereich der Wirtschaft

Eine der 53 Lehrpredigten John Wesleys trägt den Titel „Der rechte Gebrauch des Geldes“. Darin handelt er drei Grundregeln über den Umgang mit „unserem“ Geld und Besitz ab:

* Erwirb, so viel du kannst.
* Erspare, so viel du kannst.
* Gib, so viel du kannst.

Etwas oberflächlich betrachtet, könnte man sagen: Die erste Regel klingt kapitalistisch, die zweite asketisch/puritanisch, die dritte sozialistisch, – aber das wäre zu kurz gegriffen. Es ist wichtig, sich daran zu erinnern, dass die methodistischen *Klassen* ja nicht einfach Versammlungen waren, die nur der Pflege einer persönlichen Frömmigkeit dienten, sondern auch dazu, wöchentlich von jedem Teilnehmenden einen Penny einzuziehen. Dieser Penny diente nicht etwa der Aufrechterhaltung einer Verwaltung oder der Errichtung von Kapellen, sondern war dazu bestimmt, arme Klassmitglieder und darüber hinaus weitere Arme zu unterstützen. Schließlich mussten die *Klassführer und -führerinnen* in diesen Versammlungen über Kranke und Arme in der Gemeinschaft berichten und das eingegangene Geld an Bedürftige weitergeben. Neben diesen Klassführerinnen arbeiteten die Verwalter, die für die Verwaltung von Geld und Grundbesitz verantwortlich waren und über die Einhaltung der methodistischen *Lehre* in den gehaltenen Predigten – meist von Laien – zu wachen hatten. Beide Aufgaben waren grundsätzlich geistliche Aufgaben!

Die Zusammenfassung dieser *Geld*-Predigt ist ganz einfach: Gott selbst ist der *Besitzer* alles dessen, was wir besitzen, dafür sind wir verantwortlich, und wir sind verpflichtet, das uns irgendwie Mögliche weiterzugeben.

Wesley schrieb 1773 eine Flugschrift „Die gegenwärtige Knappheit an Lebensmitteln“. Darin klagt er zwei Ursachen an:

Die Schnaps- und Whiskybrennereien verbrauchen zu viel Getreide, und die Reichen schaffen sich zu viele Pferde an. Vier- und sechsspännige Kutschen kamen bei den Reichen in Gebrauch, und die Pferde fraßen das Getreide, das auf den Tischen der Armen als Brot fehlte. – Diese Schrift war eine flammende Anklage gegen die Reichen: Reichtum anzuhäufen und im Luxus zu leben ist Sünde.

4.3.3 Der Bereich der Erziehung und Ausbildung

Die Schulsituation war zu Wesleys Zeit sehr prekär, – eine gediegene Schulbildung stand praktisch nur Kindern der Reichen offen, oder im Fall von John und Charles Wesley, wenn Stipendien zur Verfügung gestellt wurden. Schulen für das gemeine Volk wurden als Gefahr betrachtet und vor allem als überflüssig.

Es war konsequent, dass Wesley seine erste Schule 1739 in einer sehr armen Gegend gründete, in dem Kohlebergwerksort Kingswood, nahe Bristol. In den Jahren danach folgten weitere Schulen. Die Kinder in Kingswood lernten nicht nur Lesen und Schreiben, sondern auch Rechnen, und sie erhielten eine religiöse Grundbildung. Wichtig für uns ist zu beachten, dass arme Kinder in jener Zeit zum Familieneinkommen beitragen mussten, um überhaupt ein Überleben zu ermöglichen. Manche arbeiteten schon ab dem 6. Lebensjahr, bis zu 15 Stunden täglich, nicht selten in den Bergwerken unter Tage. Wesley kämpfte ein Leben lang für eine Änderung dieser Situation: Kinder sollten frühestens ab dem 14. Lebensjahr arbeiten, und höchstens 10 Stunden pro Tag.

Auch Erwachsene hatten die Möglichkeit, zur Schule zu gehen, was ihnen als Kinder und Heranwachsende nicht möglich gewesen war, frühmorgens und spätabends. Als später einige der Kingswood-Schüler wegen ihrer *Sprache* von der Universität Oxford zurück gewiesen wurden, gründete Wesley eine weiterführende Schule. Viele der in seinen Schulen verwendeten Lehrbücher verfasste Wesley selbst.

Die erste Sonntagsschule wurde 1769 von der Methodistin Hannah Ball in High Wycombe gegründet, 10 Jahre vor der ausgedehnten Arbeit des Journalisten Robert Raikes, der als Vater der Sonntagsschule gilt. Hannah Ball brachte den Kindern anhand der Bibel Lesen und Schreiben bei.

Zwischen 1749 und 1755 gab Wesley seine „Christliche Bibliothek" heraus, um seinen Predigern und den Gliedern seiner Gemeinschaften eine Grundbildung zu vermitteln: Predigten, Lebensgeschichten christlicher Persönlichkeiten, vor allem der französischen und spanischen Mystik. Seine Prediger hielt Wesley an, mindestens fünf Stunden am Tag zu studieren, diese Hefte immer in ihren Satteltaschen mitzuführen, in den methodistischen Gemeinschaften vorzulesen und auch zu verkaufen: War Wesleys Bibliothek so etwas wie eine Vorläuferin der Reclam-Hefte?

Ab 1778 veröffentlichte Wesley monatlich das „Arminian Magazine", in dem es ihm gelang, wissenschaftliche Theologie und volkstümliche Ausdrucksweise miteinander zu verbinden.

Alle diese Schriften wurden zu niedrigen Preisen verkauft. Als einer von Wesleys Predigern ihm gegenüber einmal bemerkte, dass die Leute kein Geld hätten, die Bücher und Hefte zu kaufen, antwortete Wesley: „Es stimmt, dass die meisten Methodisten arm sind. Gleichviel – neun von zehn Methodisten wären nicht ärmer, wenn sie alle zwei Wochen ein Buch zu niedrigem Preis kaufen würden, denn auf diese Weise würde das Werk Gottes ausgebreitet und vertieft an allen Orten."

Das „Volk, Methodisten genannt", war in jener Zeit eine Gesellschaft der Lernenden, der Studierenden und der sich Weiterbildenden.

4.3.4 Der Kampf gegen die Sklaverei; hier verweise ich auf den Beitrag von Manfred Marquardt, Abschnitt 3.2.2

4.3.5 Der Kampf für eine Reform des Gefängniswesens

Schon die Mitglieder des studentischen *Heiligen Clubs* in Oxford besuchten die Gefängnisse und unterstützten die Angehörigen der Inhaftierten. Zeit seines Lebens hat Wesley diesen Brauch aufrechterhalten und hielt seine Prediger streng an, es ihm gleich zu tun. Menschenrechte waren im englischen Gefängniswesen ein Fremdwort, Gefängnisse waren wahre Höllen, unsicher, schmutzig, gewalttätig, Schulen des Verbrechens. Die Justiz tat ein Übriges, schon wegen eines einfachen Diebstahls konnte ein Mensch zum Tode verurteilt werden.

Einer der glühenden Anhänger Wesleys war John Howard, der große Vorkämpfer für eine Reform des Gefängniswesens in England. Durch seinen Einsatz, immer wieder unterstützt durch Wesley, begann sich die Situation zu bessern:

Die Gefangenen erhielten die Möglichkeit, im Gefängnis zu arbeiten und auf diesem Weg ihre Schulden abzuzahlen, denn viele Menschen wurden wegen oft nur geringer Schulden verurteilt (der Vater der Wesleys, Rev. Samuel Wesley, saß auch für einige Zeit wegen Schulden ein). Die Situation in Bezug auf Hygiene und Sauberkeit wurde verbessert, die Rechte der Gefangenen wurden von Seiten der Justiz stärker beachtet.

4.3.6 Kritische Anmerkungen zu Wesleys sozialen Aktivitäten

Es steht m. E. außer jeden Zweifels, dass John Wesley, sein Bruder Charles und deren Mitarbeiter und Mitarbeiterinnen in der methodistischen Bewegung die englische Gesellschaft im 18. Jahrhundert, und darüber hinaus, grundlegend verändert haben: Persönliche Würde als Konsequenz aus der Ebenbildlichkeit Gottes und ein Selbstwertgefühl in der Gestalt von Heilsgewissheit durch die Annahme bei Gott durch Jesus Christus, sowie die Verpflichtung, sich in einem Leben der Heiligung für andere Menschen einzusetzen, sind Eckpunkte methodistischen Denkens, Glaubens und Handelns.

Aber es kann heute nicht darum gehen, Wesleys soziales Handeln einfach zu kopieren; es ist angebracht, einige kritische Fragen an die Grundlagen seines Handelns und an seine Vorgehensweise zu stellen.

4.3.6.1 Wesley war ein königstreuer Konservativer. Nie wäre es ihm in den Sinn gekommen, die Regierung Seiner Majestät, des Königs, in Frage zu stellen oder sie wegen ihrer Verantwortung für Ungerechtigkeiten in der Gesellschaft in irgendeiner Form zu kritisieren. Auch können wir seine Reserviertheit gegenüber *demokratischen* oder *republikanischen* Bestrebungen im Volk nicht nachvollziehen.

Demgegenüber müssen wir heute jede Regierung kritisieren, wenn sie Ungerechtigkeit fördert oder auch nur toleriert und uns für eine Veränderung zum Besseren einsetzen, sei es global, national oder lokal. Solche Verantwortlichkeit klar und deutlich, wenn auch gewaltfrei, einzufordern, ist Pflicht. In solchen Fällen muss sorgsam geprüft und abgewogen werden, und auch die Beratung mit Brüdern und Schwestern muss erfolgen.

Aber die Position der Apostel, „Man muss Gott mehr gehorchen als den Menschen“ (Apg 5, 29), ist bei solchem Vorgehen die Messlatte, auch um den Preis, bei zivilem Ungehorsam Konsequenzen auf sich zu nehmen.

4.3.6.2 Wesley drängte selten auf eine Änderung der Struktur der englischen Gesellschaft (wohl mit Ausnahme in der Frage der Sklavenbefreiung oder mit seiner Schrift über die „gegenwärtige Lebensmittelknappheit"). Er erwartete alles von der Veränderung der Einzelnen durch die rettende Gnade Gottes, von einer gründlichen geistlichen Bekehrung, und dass diese Individuen eine veränderte, d.h. durch eine vom Geist Jesu Christi erneuerte, Lebensweise bezeugten und unter Beweis stellten.

Es gilt heute strukturelle Ungerechtigkeiten in den Bereichen Wirtschaft, Justiz und Politik klar zu benennen und eine Änderung einzufordern. Der Methodismus spricht nicht nur von individuellen Sünden, sondern auch von *sozialen Sünden*, d.h. Verfehlungen, die die Gesellschaft hervorbringt bzw. begeht.

4.3.6.3 Ganz eindeutig hat John Wesley durch seine Predigten und vielerlei Schriften, durch die Zusammenführung der Menschen in methodistische Gemeinschaften und Klassversammlungen zu einem Bewusstseinswandel weit über die methodistische Bewegung hinaus beigetragen: Wirtschaftliche Zusammenhänge, politische Entscheidungen, etwa in Bezug auf den Sklavenhandel, oder die Zustände in Gefängnissen, das Verhältnis der Reichen gegenüber den Armen etc. waren Fragen, die ganz eng mit einem Leben im Glauben an Jesus Christus verknüpft wurden. Jedoch waren manche, wahrlich nicht alle, der Aktivitäten Wesleys auf sozialem Gebiet schon in ihrem Ansatz *assistentialistisch*, d.h., Wesley bekämpfte die Folgen einer ungerechten bzw. inhumanen Struktur der Gesellschaft (oft sehr erfolgreich!), aber er ging – wegen seines politischen Konservatismus – eben nicht immer die Ursachen der Verelendung weiter Teile seines Volkes an.

Es ist klar, dass im Katastrophenfall schnell und möglichst umfassend geholfen werden muss. Hilfe und Unterstützung darf aber nicht auf lange Zeit geleistet werden, um die Eigeninitiative derer nicht zu bremsen, denen geholfen werden soll. Eine nicht-assistentialistische Vorgehensweise bedeutet, dass eine Person oder eine Gruppe ihren eigenen Weg suchen und bestimmen soll, um einer elenden oder unwürdigen Situation zu entkommen.

Bewusstseinsbildung über Ursachen und Folgen einer ungerechten Entwicklung muss betrieben werden, und den Menschen oder einer Gruppe die Gelegenheit geboten werden, ihr eigenes Potential zu entfalten, damit sie ein würdiges Leben gestalten können.

Ob Wesley die Schrecken der französischen Revolution in England durch seine Arbeit verhindert hat, wie einige Historiker meinen, sei dahingestellt. Unbestreitbar ist, dass Wesley die englische Gesellschaft grundlegend verändert, das soziale Gewissen geschärft und Zehntausenden von Menschen ihre von Gott geschenkte Würde wieder gegeben hat.

4.3.6.4 Aufs Ganze gesehen ist es wichtig, dass wir erkennen: Die Vision Wesleys, sein gesamtes Handeln basiert auf einem einfachen Wissen: Gute Werke folgen notwendiger Weise aus einem lebendigen Glauben – der Glaube ist durch die Liebe tätig (Gal 5, 6). Er traute der Gnade Gottes als verwandelnder Kraft alles zu, er setzte seinen (aufklärerischen) Optimismus dafür ein, Liebe gegenüber den Armen zu zeigen und er gebrauchte alle seine geistigen und körperlichen Kräfte (und nicht zuletzt sein gar nicht kleines Vermögen), um neue Wege zu eröffnen, nicht nur in seiner evangelistischen Arbeit, sondern auch bei der Durchdringung der britischen Gesellschaft durch soziale Aktivitäten.

Wesley ermahnte seine Methodisten unentwegt, nicht nur eine innere oder individualistische Frömmigkeit zu praktizieren, sondern ihre soziale Verantwortung in ihrer jeweiligen Umwelt wahrzunehmen. Und er brachte den Methodisten bei, ihren eigenen Verstand zu gebrauchen und die Willenskraft aufzubringen, ungerechte und unwürdige Lebenssituationen zu verändern.

Alles, was unternommen wird, seien es soziale Anstrengungen oder das gesprochene Zeugnis, ist Ausdruck gelebter Heiligung.

5 Evangelisation + Soziales Handeln = Mission

Denkanstöße für eine Standortbestimmung in unseren Gemeinden

Die Summe aus Evangelisation und sozialem Handeln ist Mission, das sieht wie eine mathematische Gleichung aus – es ist im Grunde unser methodistisches *Programm*, wenn wir die Bibel und unsere methodistische Kirchengeschichte ernst nehmen!

Wie könnte diese *Gleichung* für uns heute aufgehen? Wie buchstabieren wir *Mission* mit ihren beiden Komponenten *Evangelisation* und *soziales Handeln* in unseren persönlichen Lebensäußerungen und im Leben unserer Kirche und Gemeinden?

Grundsätzlich gilt: Alle Mission gründet in der Tat der Liebe Gottes, der alles Leben erschaffen hat und der in Jesus von Nazaret Mensch wurde. Jesus Christus hat seine Mission ganz in der Verbundenheit mit dem, den er *mein Vater* nannte, so verstanden, dass er alle Menschen, ohne jeden Unterschied, in die Gemeinschaft mit Gott rief, Sünde vergab und Menschen von ihren Ausgrenzungen und auch körperlichen Leiden befreite.

Unsere Mission gründet in dem *Basiswort* Jesu an seine Jünger: „Wie mich der Vater gesandt hat, so sende ich euch" (Joh 20, 21), d.h., wir haben die Aufgabe, die Liebe Gottes in Jesus Christus in einladender Verkündigung und in praktischem Handeln im Geiste Jesu Christi hörbar, sichtbar, spürbar, also umfassend erlebbar zu machen. Dabei ist entscheidend wichtig, Evangelisation und soziales Handeln nicht als konkurrierende, bestenfalls nebeneinander agierende Stränge der Mission zu begreifen: Als Methodistinnen und Methodisten stehen uns eine *evangelistische Sozialarbeit* und eine *Soziale Evangelisation* bestens an. Als Empfänger der Gnade Gottes durch Jesus Christus sind wir gerufen und befähigt, Zeugen dieser Gnade in Wort und Tat zu sein. Die Gnade Gottes hat unser Leben verwandelt und begleitet uns lebenslang; das versetzt uns in die Lage, ja verpflichtet uns, die Welt, in der wir leben, durch die Gnade Gottes umzugestalten.

Die unserer *Gottsuche* voraus laufende Gnade führt uns zur rechtfertigenden, d.h. von unserer Schuld befreienden Gnade und will sich in der uns heiligenden Gnade ausdrücken, die die Menschen, mit denen wir zusammen leben, erreichen will: Menschen, die unter Einsamkeit und Unterdrückung, Orientierungslosigkeit und Ungerechtigkeit, Selbstsucht und Gewalt leiden.

Wie könnte die Verkörperung der Gegenwart Christi in dieser Welt durch uns praktisch aussehen?

Dies will ich im Folgenden nicht systematisch entfalten, sondern zum Nach-Denken anregen, wie wir bisher unser kirchliches und gemeindliches Leben gestaltet haben, und zum Vor-Denken, wie dies in Zukunft geschehen könnte. Ich wähle ganz verschiedene Zugänge zum Thema und biete kurze oder auch längere Impulse an, denen zugespitzt formulierte Thesen vorangestellt sind.

5. 1 Die Bibel bedarf der Auslegung. Biblische Aussagen müssen auf dem Hintergrund ihrer Zeit in die heutigen gesellschaftlichen Gegebenheiten hinein interpretiert werden.

Die Bibel Alten und Neuen Testaments ist die Grundlage für unser Glauben und Handeln. Bei der Auslegung der biblischen Botschaft setzen wir in guter methodistischer Gepflogenheit neben unserer persönlichen und gemeinschaftlichen Erfahrung und der Einbeziehung unserer kirchlichen Tradition – nicht nur unserer methodistischen – auch unsere Vernunft ein. Diese vier *Quellen* unserer Erkenntnis, bei Vorrangstellung unserer Bibel, haben sich in ihren vielfältigen Wechselbeziehungen bewährt.

Die Bibel bedarf der Auslegung, auch im *Gespräch* mit der uns umgebenden Gesellschaft. Dabei ergibt sich jedoch das Problem der *Anpassung* biblischer Aussagen.

Ich will dies an zwei Beispielen erläutern:

* In den Haustafeln Eph 6, 5-9 und Kol 3,21 - 4,1, sowie im Philemonbrief setzt Paulus die Existenz von Sklaven auch in der christlichen Gemeinde voraus und stellt Sklaverei keineswegs in Frage, wenngleich er die Herren der Sklaven ermahnt, diese gerecht zu behandeln und sie *als dem Herrn* einander zugeordnet zu betrachten.

Kein Methodist, keine Methodistin würde heute die Sklaverei unter Berufung auf Paulus verteidigen, zumal John Wesley sich vehement für das Verbot des Sklavenhandels eingesetzt hat.

* Die Haustafeln Kol 3, 18 und Eph 5, 22-24 nehmen den damaligen kulturellen Konsens der Unterordnung der Frauen unter ihre Männer zustimmend auf. Schon Paulus hebt in Gal 3, 28 diese Unterordnung der Frau auf, indem er feststellt, dass *in Christus* die Unterscheidung Mann/Frau nicht mehr gilt und beide vor Gott und im Miteinander von Frau und Mann gleichwertig sind, auch wenn sie nicht die gleichen Aufgaben und sozialen Funktionen haben.

In nicht wenigen Gesellschaften gehört der Machismo, die Dominanz der Männer über die Frauen, zur *Kultur.* Auch in Bezug auf Kultur gilt jedoch: Wo die Kultur dem Evangelium widerspricht, muss die Kultur durch das Evangelium korrigiert, ja verändert werden – wo Kultur und Evangelium übereinstimmen, ist Kultur in die Missionsbewegung zu integrieren.

Wir leben weder mit Jesus noch mit Wesley zeitgleich, es ist unsere bleibende Aufgabe, die entscheidenden Linien aus unserer Bibel und die daraus gezogenen Linien unserer Kirchengeschichte bis zu uns und unserer Welt hin auszuziehen und diese dann mit Leben zu füllen.

5. 2 Evangelisation ist ganzheitlich.

* Einladen zu einem Leben mit Jesus Christus mit der Bitte: „Lasst euch versöhnen mit Gott“ (2 Kor 5, 20), auch mit der Aufforderung: „Tut Buße“ (Mk 1,15), kehrt um von eurem falschen Weg und glaubt an das Evangelium.

* Begleiten auf dem Weg der Nachfolge, Ermunterung und Ermahnung, Trost und praktische Anregungen zur Lebensgestaltung haben hier ihren Platz.

5. 3 Unsere Gottesdienste sind die Kraftquelle für unser missionarisches Leben im Alltag.

Wofür feiern wir unsere Sonntagsgottesdienste?

Sie sind uns *Reparaturwerkstatt*; wir hören das Wort von unserer Versöhnung mit Gott: „Wir haben Frieden mit Gott durch unseren Herrn Jesus Christus.“ (Röm 5, 1) Sie sind uns *Tankstelle* für unser eigenes Leben und für unser Leben in der täglichen Heiligung. Dies sollen andere Menschen zu spüren bekommen. Sie sind uns Orte des Dankes an unseren Gott, der unser Leben reich macht; und Orte der Begegnung mit denen, die mit uns auf dem Weg sind.

Sind unsere Gottesdienste aber wirklich die Feiern der Erlösten, die aus Dankbarkeit das hinaustragen, was sie gemeinsam erlebt haben? Sind sie Einladung für die Suchenden, Ermunterung für die Zweifelnden und müde Gewordenen? In Bezug auf unsere Gottesdienste müssen wir uns fragen, inwieweit und auf welche Weise unser Sonntagsgottesdienst Auswirkungen auf unser Leben von Sonntag mittags bis Samstag nachts hat, der Gottesdienst unseren *All-Tag* prägend bestimmt. Um das zu erreichen, müssen unsere Gottesdienste allerdings auch attraktiv, d.h. anziehend, sein, – lebendig, prophetisch ausgerichtet und auf unsere Lebenswirklichkeit bezogen.

5. 4 Verkündigung mischt sich ein. Sie setzt sich mit politischen und sozialen Sachfragen auseinander, bezieht Stellung und macht Handlungsvorschläge.

Ein Streitpunkt in vielen unserer Gemeinden ist die Frage, ob Politik in die Kirche gehört bzw. auf die Kanzel. Es könnte hilfreich sein, wenn wir uns die ursprüngliche Bedeutung des griechischen *politeuein* ins Bewusstsein rufen; Es bedeutet: *sich als Bürger betätigen.*

Die heute brennenden Fragen von Ungerechtigkeit, Hunger und Krankheit, von Terrorismus und ungezügeltem Gewinnstreben, Zerstörung unserer Umwelt und damit unserer Lebensgrundlagen etc. müssen uns beschäftigen, so wie das die Propheten in der Frühzeit Israels beschäftigt hat. Mit einer Trennung in *geistlich* und *weltlich* drücken wir uns vor unserer Weltverantwortung für unsere kleine Welt, in der wir jeden Tag leben, und für eine lebenswerte Erde insgesamt.

Ich rede nicht dem Missbrauch der Kanzel für parteipolitische Propaganda das Wort. Wo aber ein biblischer Text uns anleitet, da sollen Prediger und Predigerinnen offen und verantwortlich zu politischen und sozialen Sachfragen auch auf der Kanzel Stellung beziehen und damit Bewusstseinsbildung betreiben und Handlungsvorschläge machen.

Es geht um bewusstes Einmischen, denn das Evangelium von Jesus Christus will Heil und Wohl für alle Menschen.

5. 5 Die Innenseite unseres geistlichen Lebens hat Außenwirkung.

In der Anfangszeit des Methodismus in Deutschland waren sehr viele unserer Gemeinden Gemeinschaften von *kleinen Leuten*: Handwerkern, Bauern, Industriearbeitern. Besonders bei letzteren hatte ihre Bekehrung einen *sozialhygienischen* Effekt; ihr neuer Lebenswandel, besonders der Verzicht auf Alkohol, bewirkte einen sozialen Aufstieg, spätestens in der nächsten Generation. Die Innenseite ihres Lebens – Bekehrung, Streben nach Heiligung – hatte tiefgreifende Auswirkungen auf die Außenseite ihres Lebens: neue soziale Bindungen, Besserung ihrer Lebensverhältnisse.

Wo sind heute die Menschen der unteren Schicht unserer Gesellschaft im Visier unserer Gemeindeaktivitäten?

5. 6 Mission im umfassenden Sinn ist nur noch in ökumenischer Zusammenarbeit mit christlichen Kirchen und Gemeinschaften möglich:

Nur das gemeinsame Zeugnis hat in unserer säkularisierten Gesellschaft noch die Chance, wahrgenommen zu werden. „Die wichtigste Aufgabe der Kirchen in Europa ist es, gemeinsam das Evangelium in Wort und Tat für das Heil aller Menschen zu verkündigen“ (Carta Oecumenica).

Der früher geäußerte Vorwurf der Proselytenmacherei/ „Fischen im fremden Teich“ ist ganz überwiegend der Einsicht gewichen, dass christliche Kirchen nicht mehr als Gegner agieren können. Unsere Herausforderung sind Menschen, die ohne Jesus Christus leben, sind Glaubenslosigkeit, Ungerechtigkeit und Gewalt in jedweder Form.

5. 7 Die wirksamste Verkündigung ist, wenn wir mit unserem Leben verkündigen.

Ein alter Spruch – zum Durchdenken: „Rede nicht von Gott, wenn du nicht gefragt wirst, – aber lebe so, dass du gefragt wirst, warum du so lebst, wie du lebst.“

5. 8 Heilsgewissheit und Heiligung – diese Schwerpunkte unserer Verkündigung und unseres Lebens gehören unauflöslich zusammen.

Es scheint mir wichtig zu sein, über zwei Elemente unseres methodistischen „Heilswegs“ (keine Himmelsleiter!!) nachzudenken und ihnen deutlicheres Gewicht zu geben: Heilsgewissheit und Heiligung.

Ganz klar: Die Grundlage unserer Gottesbeziehung ist die Rechtfertigung des Sünders aus Gnade durch den Glauben an Jesus Christus! Aber: Sind wir unseres Heilgewordenseins gewiss? Bezeugt Gottes Geist uns, dass wir Gottes Söhne und Töchter durch Christi Eintreten für uns sind? Durch ihn können wir vor Gott gerade stehen, wir sind als gerecht geachtet von Gott. „Wen der Sohn frei macht, der ist ganz frei" (Joh 8, 36), und wir sind nicht mehr Knechte der Sünde, wir sind jetzt Kinder Gottes (Röm 8, 12-17). Das gibt unserem Leben Halt und Richtung, das vermittelt uns das Selbstwertgefühl. Durch Christus sind wir neu und wieder Ebenbilder Gottes (Gen 1, 27). Gott nimmt uns bedingungslos an. Nicht Furcht vor Strafe bestimmt uns mehr, nicht krampfhaftes Bemühen um Wohlverhalten vor Gott. Das gibt uns die Möglichkeit, Ja zu uns selbst zu sagen, und das gibt uns die Freiheit, Ja zu unseren Mitmenschen zu sagen: Wir sind zur Freiheit berufen in liebendem Glauben (Gal 5, 1-12).

Und das Zweite: Wem der Geist Gottes bezeugt, von Gott als Kind angenommen zu sein, der bringt auch die Früchte des Heiligen Geistes hervor (Gal 5, 22).

Nach Wesleys Überzeugung hat Gott den Methodismus ins Leben gerufen, um „Heiligung über die Lande zu verbreiten". Die „Heiligung unseres Lebens und unserer Herzen" (Wesley) ist Gottes Gabe an uns, nicht unsere Anstrengung oder Leistung, aber sie ist Aufgabe und Verpflichtung für unser durch Christus erneuertes Leben. „Ohne Heiligung wird niemand den Herrn schauen" (Hebr 12, 14). Unsere *guten Werke* vor der Rechtfertigung nützen uns gar nichts, d. h., sie schaffen uns nicht das Heil; danach sind sie *automatische* Folge der Rechtfertigung. „Ein guter Baum bringt gute Früchte hervor, ein schlechter Baum (eben) schlechte" (Mt 7, 17).

Ich will und muss dies nicht weiter ausführen. Wichtig ist: Unsere Heiligung soll für andere Menschen konkret erlebbar werden. Und unsere Heiligung hat ein Ziel – im Sinne Wesleys –: vollkommen zu werden in der Liebe (vgl. Mt 5, 48).

Jesus traut seinen Jüngern alles zu: „Ihr *seid* das Salz der Erde, ihr *seid* das Licht der Welt" (Mt 5, 12-14). Und er schließt diese Rede des Vertrauens mit der Aufforderung: „So lasst euer Licht leuchten vor den Menschen, damit sie eure guten Werke sehen und euren Vater im Himmel preisen" (Mt 5, 16).

5. 9 Seelen retten und diakonisches Handeln dürfen nicht gegeneinander ausgespielt werden.

Die evangelistische Arbeit der Wesley-Brüder und ihrer Laienprediger zielte auf die individuelle Bekehrung Einzelner, verband sie aber eng mit der Verpflichtung zu nachfolgender Heiligung des Lebens und der Herzen; dies führte zu kollektivem diakonischem Handeln der methodistischen Gemeinschaften. Auf diese Weise waren Evangelisation und sozialer Einsatz aufs Engste miteinander verknüpft.

Dr. Gonzalo Baez Camargo, ein methodistischer Laie aus Mexiko, hat das methodistische Missionsbemühen so umschrieben:

„Einige sagen, sie seien so sehr damit beschäftigt, Seelen zu retten, eine nach der andern, dass sie keine Zeit hätten, sich um die Beseitigung wirtschaftlicher und sozialer Ungerechtigkeit kümmern zu können. Andere widmen sich so sehr der Aufgabe, die Gesellschaft zu reformieren, dass sie keine Luft mehr haben, sich um die Wiedergeburt Einzelner zu bemühen. Die einen beschäftigen sich ausschließlich damit, Menschen aus den Kloaken zu fischen, tun aber nichts dafür, dass diese Kloaken verschwinden, und sie bemühen sich auch nicht darum, dass fortan keine hineinfallen. Die andern setzen sich dafür ein, die Kloaken trockenzulegen und kümmern sich nicht darum, dass währenddessen viele darin untergehen.

Wie ist das möglich, dass weder die einen noch die anderen gesehen bzw. verstanden haben, dass beide Anliegen notwendig sind und dass beiden Anliegen Rechnung getragen werden muss? Es ist richtig: Die Bekehrung Einzelner ist grundlegend wichtig. Denn Sünde, sei sie persönlich oder sozial, hat ihre Wurzel im Herzen Einzelner. Ohne gründliche Bekehrung Einzelner gibt es keine sozial gerechte Umgestaltung der Gesellschaft. Also: Der Irrtum besteht nicht darin, der Seelenrettung den Vorrang zu geben. Der Irrtum besteht darin, sich auf diese zu beschränken."

5. 10 Gemeinde und Diakonie gehören untrennbar zusammen und sind Mittel der Verkündigung.

Anders als Wesley das Evangelium im 18. Jahrhundert *gelebt* hat, wurde der Methodismus in Deutschland bald auf Seelenrettung verengt; vereinzelte diakonische Aktivitäten wurden z.B. in unsere Diakoniewerke delegiert.

Was geschieht, wenn Diakonie und Verkündigung nicht eng miteinander verknüpft gesehen werden, können wir in Apg 6, 1-7 nachlesen: Die Einsetzung von *Tischdienern* und getrennt davon die des Wortdienstes. Wie der weitere Verlauf der Mission in der Apostelgeschichte zeigt, etwa in der Person des Philippus, hat diese Trennung nicht funktioniert. Die überforderten *Wortdiener* verursachen Murren und Unsicherheit in der Gemeinde, wobei eine solche heilsame Unruhe noch nicht alle unsere Gemeinden erfasst hat.

Es geht um ganzheitliche Mission, auch in und für unsere Gemeinden. Das bedeutet: Eine Gemeinde handelt heilend im Blick auf alle heillosen Störungen der Menschen. Sie setzt sich ein für die Überwindung von krankmachenden Spannungen im Menschen selbst, zwischen den Menschen und zwischen den Menschen und Gott. Umfassende Diakonie arbeitet für die Realisierung des Reiches Gottes und ist so Dienst der Versöhnung (2. Kor 5, 18).

Diakonie und Gemeinde sind untrennbar verbunden: Gemeinde entsteht da, wo Menschen im Namen Jesu zusammenkommen und miteinander leben, mit allen Kräften füreinander da sind und einander dienen mit ihren von Gott gegebenen Gaben. Eine so lebende Gemeinde wird auch immer über die Kirchenmauern *springen* (Ps 18, 30) und so eine „Diakonie aller Glaubenden" praktizieren, entsprechend Luthers Vision vom „Priestertum aller Gläubigen".

Dazu ist es wohl nötig, unsere Arbeitsformen in unseren Gemeinden kritisch zu überdenken: Sind wir (nur) an Bestandssicherung interessiert? Sind unsere Gemeindeveranstaltungen nur *Wohlfühl-Gettos*? Oder doch mehr?

Könnte es sein, dass suchende oder zweifelnde Menschen heute anders angesprochen werden wollen als vor vielleicht 30 Jahren, – wenn ja, mit welchen Mitteln, Themen, Formen, Inhalten? Sind unsere Angebote wirklich *attraktiv*, das heißt anziehend? Brauchen wir eine neue Kultur der Kommunikation mit Nachbarn, Freunden, Verwandten?

Dass diese nicht nur nebenbei mitbekommen, *der oder die geht in die Kirche*, sondern dass wir offensiv bekennen: *Ich gehöre zu einer Gemeinde, ich arbeite dort mit, das hilft mir, ich versuche mein Leben mit Christus zu gestalten ...*

Zwei Aussagen von Wesley:

* „Das Evangelium von Jesus Christus kennt keine andere Religion als die soziale Religion, noch eine andere Heiligkeit als soziale Heiligkeit. Dies Gebot haben wir von Christus: „Wer Gott liebt, der hat auch seinen Bruder lieb; 1. Joh 4, 21." (Vorwort zum ersten methodistischen Gesangbuch, 1739)

* „Jedes Vorhaben, die Gesellschaft zu erneuern, die die Erneuerung des Einzelnen außer Acht lässt, ist undenkbar. Und jede Lehre, Sünder zu retten, die nicht den Zweck hat, diese in *Kämpfer* gegen soziale Sünden zu verwandeln, ist ebenso undenkbar" (Predigt über Apg 4, 31).

5. 11 Die enge globale Verflechtung unserer Lebenswelten lässt eine Trennung in Innere und Äußere Mission nicht mehr sinnvoll erscheinen.

Mission ist immer Welt-Mission, ob das die Welt um uns herum oder auch in fernen Ländern ist. Die Trennung in *Innere Mission* und *Äußere Mission* war ein Notbehelf.

Mission ist das Angebot der umfassenden Liebe Gottes in Jesus Christus für alle Menschen, sie kündigt den Wert an, den alle Menschen vor Gott haben, setzt sich für die Würde der Menschen ein und postuliert das Recht eines jeden Menschenlebens von seinem Anfang bis zu seinem Ende: Das schließt die Ermöglichung der Entfaltung seiner jeweiligen Fähigkeiten ein, sein Recht auf Bildung, Gesundheitsfürsorge, sein Recht auf saubere Luft und sauberes Wasser. Das verpflichtet zum Eintreten dafür, dass Menschen für den eigenen Lebensunterhalt selbst sorgen und in einem geordneten Gemeinwesen in Sicherheit leben können.

Welt-Mission äußert sich auch darin, dass wir Ressourcen jeder Art teilen, von anderen Kulturen lernen und auf diese Weise die Liebe Gottes für uns und seinen Willen für alle Menschenkinder miteinander praktizieren.

5. 12 Wir sind gefordert, uns gründlich zu informieren und Problemfelder eindeutig zu benennen.

John Wesley hat viele seiner sozialen Initiativen nicht selbst *erfunden*, er bediente sich häufig fremder Anregungen und nahm sie in sein „Programm" auf, zum Heil und Wohl seiner Mitmenschen. Inwieweit nehmen wir Nachrichten und Entwicklungen aus Politik und Wissenschaft, aus Gesellschaft und Wirtschaft auf und setzen sie in Beziehung zu unserem persönlichen und gemeinschaftlichen Glauben?

Von Johann Christoph Blumhardt soll die Anregung stammen, ein Christ solle am Morgen die Bibel und die Zeitung lesen und über beiden beten.

Inwieweit würde die Befolgung dieses Rates unsere *Mission* beeinflussen bzw. verändern?

5. 13 Praktisches Handeln braucht konkrete Maßstäbe. Unsere Sozialen Grundsätze sind ein Orientierungsrahmen für uns.

Wie sollen wir unser Leben in der Heiligung praktisch gestalten? Wo finden wir Maßstäbe für unser Handeln?

Ohne uns auf sie zu begrenzen: Unsere Sozialen Grundsätze geben seit 100 Jahren konkrete Hilfestellung bei der Findung von Handlungsmaximen in den verschiedenen Bereichen unseres persönlichen und kollektiven Lebens; sie stellen den Orientierungsrahmen für unser ethisches Verhalten als Methodistinnen und Methodisten. Sie sind kein Gesetz, sie sind nicht unfehlbar, aber sie ohne sehr zwingende Gründe einfach zu missachten, ist uns nicht möglich.

In einer konkreten Situation ist es auch hilfreich, sich an das Wort von Martin Niemöller zu erinnern: „Was würde Jesus dazu sagen?“

5. 14 Eine Gemeinde trägt Mitverantwortung für ihr soziales Umfeld.

Beim Überlegen, wie es mit der Gemeinde weitergehen solle, was Gottes Wille für die Gemeinde ist, hat eine unserer Gemeinden die Frage formuliert: „Was würde in unserer Stadt fehlen, wenn es unsere Gemeinde nicht mehr gäbe?“ Aus diesem Nachdenken ist die Arbeit einer Suppenküche für Bedürftige entstanden.

Viele unserer Gemeinden haben ihre Begabung entdeckt, sich im sozialen Bereich zu engagieren: Mitarbeit in örtlichen *Tafeln* mit der Ausgabe von gespendeten Lebensmitteln von Discountläden, das Angebot von Mittagstischen für Schulkinder, Mitarbeit in Selbsthilfegruppen, z.B. für Alkoholabhängige, Begleitung von Asylsuchenden und vieles mehr.

Wichtig dabei ist: Wir sollen nicht einfach Klamotten, Geld, Essen, Hausaufgabenhilfe, Oma-Vorlesen anbieten – das ist notwendig und gut –, sondern auch Zuwendung, Begleitung. (Kinder-)Armut ist in Deutschland nicht nur Geld-Armut, sondern auch und vor allem Gefühls- bzw. Zuwendungs-Armut. Und wenn es uns darüber hinaus gelingt, Selbstwertgefühl, Vertrauen, Hoffnung, Zukunftsvisionen zu vermitteln, wird Evangelium essbar, fühlbar, spürbar.

Wenn wir das in unseren Kirchen machen, werden Kinder und Erwachsene auch fragen, was das für ein Laden ist, und dann kann/soll auch das Evangelium hörbar werden.

Und: Die Ausgestaltung unseres Gemeindelebens muss bedürfnisorientiert geplant und ausgeführt werden, indem wir fragen: „Was geht in unserer Welt vor, was brauchen die Menschen, mit denen wir leben?"

Im Grunde geht es darum, „der Stadt Bestes zu suchen" (Jer 29, 7).

5. 15 Missionarisch ausgerichtete Menschen informieren sich und gehen auf heutige Probleme ein.

Wesleys Gedanken über die gegenwärtige Lebensmittelknappheit würden heute – wenn auch mit gleicher Schärfe – andere *Verschwendungen* anprangern: Etwa den enorm gestiegenen Anbau von Sojabohnen, die hauptsächlich zur Erzeugung von Fleisch verfüttert werden, und der daraus entstehenden Lebensmittelknappheit, sowie der Vernichtung wertvollen Regenwalds infolge des wachsenden Bedarfs an Ackerland. Oder den ungeheuren Bedarf von Trinkwasser für industrielle Nutzung und auch die Konzentrierung von Trinkwasserressourcen in den Händen weniger Großkonzerne in Entwicklungsländern.

Oder die Patentierung von Pflanzengenen durch wenige, weltweit agierende Firmen, die vielen Millionen von Kleinbauern die Existenzgrundlage entzieht.

5. 16 Als Bürgerinnen und Bürger in Gottes Reich sind wir Träger einer großen Verheißung.

Was bedeutet es, wenn wir im Vaterunser beten: „Dein Reich komme" und „Dein ist das Reich"? Erwarten wir nur die neue Schöpfung durch Gott am Ende der Tage, oder setzen wir uns ein für den Bau des Reiches Gottes schon hier und heute in unserer Welt?

Klar: In den zwischenmenschlichen Kleinkriegen und in den Spannungen zwischen ganzen Völkern sehnen wir uns nach der Neuschöpfung Gottes, *in der es keine Tränen und keinen Tod mehr geben wird, kein Leid noch Geschrei noch*

Schmerz (Offb 21, 1-5), *wir warten auf den neuen Himmel und die neue Erde, in denen Gerechtigkeit herrscht* (2 Pt 3, 13), auf dieses Ziel hin leben wir. Doch ist im Methodismus seit Wesley die Blickrichtung in Bezug auf das Reich Gottes auch deutlich auf Gottes Reich in unseren Tagen ausgerichtet. Über die Verkündigung Jesu lesen wir im Markusevangelium (1, 15) zusammenfassend: „Die Zeit ist erfüllt, und das Reich Gottes ist herbeigekommen", – und zwar durch ihn, durch sein Leben und Wirken. Und in diese seine Mission hat Jesus seine Nachfolger eingebunden. Wenn wir vom Reich Gottes reden, dann haben wir es immer mit der Spannung des durch Jesus gekommenen, durch uns zu verwirklichenden und dem noch in Vollendung kommenden Reich Gottes zu tun.

Der methodistischen Bewegung war und ist aufgetragen, sich für die dem Reich Gottes eigene Gerechtigkeit in dieser Welt einzusetzen. Unsere Befreiung von unserer Schuld durch Jesus Christus, vom Zwang, ein *Gesetz* erfüllen zu müssen, von der Furcht vor einem bleibenden Tod ermöglicht uns, ja fordert von uns ein Handeln zum Heil und Wohl für unsere Mitmenschen.

Die „neue Schöpfung" durch Christus, in der „das Alte" der Vergangenheit angehört (2 Kor 5, 17), zieht folgerichtig und unausweichlich den „Dienst der Versöhnung" nach sich, zu deren Botschafterinnen und Botschafter wir aufgerufen sind (2 Kor 5, 18-21). Unser Herr erwartet also viel von uns, dem mit ihm gekommenen Reich Gottes heute und morgen Gestalt zu geben in unserer Welt. Wo ein Mensch im Namen und in der Kraft Jesu Christi lebt, da ist Gott in unserer Welt gegenwärtig.

Der Ausblick auf die Vollendung seines Reiches, in dem Er aus unseren Bruchstücken sein Ganzes zusammenfügen wird, entlastet uns von der Überforderung, das Endgültige schaffen zu müssen.

Die Erwartung des vollkommenen Reiches Gottes gibt uns die Spur vor, in der wir uns bewegen sollen: Es ist unsere Verantwortung, den Willen Gottes für uns zu suchen und ihn dann auch zu tun, d.h. dementsprechend zu leben.

Unsere Feiern des Herrenmahls können uns zu einem Bild werden: Es ist uns Zeichen unserer Versöhnung mit Gott durch Jesus Christus, zugleich auch Verpflichtung, uns zu Versöhnung und Heil für unsere Welt einzusetzen, es ist Wegzehrung auf unserem Weg der Heiligung, es ist uns aber auch die *Vorspeise* für das Festmahl, das Christus mit uns in der Herrlichkeit des Vaters feiern wird (Mt 26, 29).

Beachtenswert sind in diesem Zusammenhang auch einige Äußerungen des Johannesevangeliums: Da wird uns *ewiges Leben* schon heute zugesprochen und nicht erst nach unserem Tod: „Wer an den Sohn glaubt, der hat das ewige Leben" (Joh 3, 36), oder: „Wer mein Wort hört und glaubt dem, der mich gesandt hat, der hat das ewige Leben und kommt nicht in das Gericht, sondern er ist vom Tode zum Leben hindurchgedrungen" (Joh 5, 24, auch 10, 28).

Hier sind das kommende und das gegenwärtige Reich Gottes ganz eng miteinander verknüpft; wir haben ewiges Leben schon heute aus der Hand unseres Herrn, und deshalb streben wir danach, „als Mitbürger der Heiligen und Gottes Hausgenossen" (Eph 2, 19) schon heute dementsprechend zu leben.

5. 17 Missionsprojekte brauchen finanzielle Mittel. Auch unsere Spenden sind Antwort auf die Liebe Gottes, die wir täglich erfahren.

Mission in ihren verschiedensten Betätigungsfeldern kostet auch Geld. Würden unsere Kirchenglieder freiwillig auch nur annähernd mindestens den Zehnten geben, hätten sie selbst den Segen davon (2 Kor 9, 7!), und wir müssten in keiner unserer kirchlichen Gremien mehr über Geldmangel klagen; wir müssten uns nur noch über die sinnvolle Geldverteilung verständigen.

5. 18 Das Gefühl der Überlastung kann durch Arbeitsteilung überwunden werden.

Die in unseren Gemeinden Mitarbeitenden fühlen sich überfordert durch Beruf und Familie und Gemeinde, – es sind auch meistens zu wenige, die den Gemeindekarren schieben sollen. Manche unserer Pastorinnen und Pastoren fühlen sich überlastet, aus welchen Gründen auch immer.

Paulus entwickelt in 1 Kor 12 ein Ergänzungsmodell der Gabenverteilung: Jedes Glied am „Leib Christi" hat seine spezielle Aufgabe, das Auge soll/kann nicht laufen, die Hand soll/kann nicht hören ...

In den Briefen an Timotheus stehen die Mahnungen „Erwecke" /„lass nicht außer Acht" (1 Tim 4, 14; 2 Tim 1, 6) die Gaben, die Gott gegeben hat; d.h. die geschenkten Begabungen erkennen – bei sich selbst und bei anderen –, sie dann einsetzen zum Heil und Wohl der Gemeinde und darüber hinaus in unserer Welt. Und: Paulus macht klar, dass Konkurrenz den *Leib* in seinen Funktionen zerstört.

5. 19 Wir sind von Gott geliebte Menschen. Diese Liebe müssen wir uns nicht erst durch Werke erkämpfen. Geliebte Menschen sind fähig, Liebe weiter zu geben.

Für mich sind drei Verse aus Eph 2, 8-10 immer wieder sehr wichtig: Zum einen werden wir daran erinnert, dass wir „aus Gnade selig geworden sind durch den Glauben, ... nicht aus Werken".

Zum andern werden wir aufgefordert zu bedenken, dass wir „in Jesus Christus zu guten Werken geschaffen" sind, – und die hat „Gott zuvor bereitet, dass wir darin wandeln sollen". Da ist kein Druck zu spüren, denn Gott selbst hat unsere guten Werke vorbereitet und in uns gelegt. In die Hand nehmen und sie unter die Leute bringen – das allerdings müssen wir schon selbst; denn „ohne Werke ist der Glaube tot" (Jak 2, 26).

5. 20 Verzagtheit ist uns verboten. Auch kleine Schritte können Großes bewirken, wenn nur Viele mutige Schritte gehen.

Die heute allgegenwärtigen Medien decken uns ein mit Berichten von Hunger und Gewalt, von wirtschaftlicher Ausbeutung und Ungerechtigkeit, von Umweltzerstörung und Krankheitsepidemien, von Machtmissbrauch und Hass.

Wie reagieren wir? Mit Ausblenden, Abschalten, Abstumpfen, Resignation? Sind nicht gerade wir es, die schrecklichen Realitäten ins Auge sehen können, weil wir festen Halt für unser Leben haben und wissen, dass uns nichts und niemand trennen kann von der Liebe Gottes, die uns in Jesus Christus begegnet ist (Röm 8, 39)? Und uns dann aber auch fragen, was wir gegen die Übel unserer Zeit tun können? Sicher: Beten! Aber darüber hinaus ist es an uns, auch dagegen anzugehen, und sei es nur immer wieder der Tropfen auf den heißen Stein!

Es gilt, den Mut nicht zu verlieren, die Nöte unserer Welt im Gebet vor Gott auszubreiten und zu versuchen, mit unseren oft sehr bescheidenen Mitteln Zukunft für und mit anderen Menschen zu gestalten.

5. 21 Will eine Gemeinde, dass Menschen den Weg zu ihr finden, muss sie offen sein für Veränderungen.

Kleiner werdende, ja sterbende Gemeinden machen uns seit etwa drei Jahrzehnten zu schaffen, wobei gegenwärtig statistisch die immer älter werden den *Alten* den Abwärtstrend noch abfedern. Die Beschränkung auf ein

„Halte, was du hast“ führt unsere Gemeinden unweigerlich in die Bedeutungslosigkeit.

Will eine Gemeinde wachsen, so muss sie sich auf tiefgreifende Veränderungen einstellen, denn jeder zur Gemeinde hinzukommende Mensch verändert diese durch seine eigengeprägte Persönlichkeit, seine Anschauungen und Ideen, seine Gaben.

Liebgewordenes und in der Vergangenheit auch Tragendes muss hinterfragt und gegebenenfalls auch geändert werden dürfen.

Wird das nicht als Chance und Bereicherung begriffen, dann wird ein *letzter* Gottesdienst die notwendige Folge sein.

5. 22 Wir dürfen keine Pastorenkirche werden. Unsere Gemeindeglieder sind unser Außendienstpersonal.

In unseren brasilianischen Gemeinden gibt es ein Sprichwort, das zum missionarischen Programm wurde: pastor não faz ovelha, ovelha faz ovelha, d.h., der Hirte macht keine Schafe, Schafe machen Schafe. Das bedeutet, die Gemeindeglieder verstehen sich als Außendienstpersonal der Kirche, sie sind die Werbeträger der Gemeinde.

In der Zeit des 2. Weltkriegs haben wir in Deutschland als Kirche vom hohen Engagement von Frauen in der Gemeindearbeit profitiert. In der Nachkriegszeit haben viele Männer aus Dankbarkeit für ihre Rückkehr aus dem Krieg oder auch weil sie das Zurückfinden in ihren Familienverband nicht schafften, sich in Kirche und Gemeinde in hohem Maß eingesetzt. Diese Generation ist inzwischen gestorben, - ihrer sei dankbar gedacht.

Seit etwa den 70er Jahren sind wir in unserer Kirche pastorenlastig geworden: Unsere Glieder werden durch gestiegene berufliche Konkurrenz gefordert, dem Familienleben wird ein höherer Stellenwert zugemessen, die Angebote zur Freizeitgestaltung sind immens gestiegen, die Nutzung der Medien nimmt einen größeren Raum ein.

Für unsere junge Generation ist infolge eines vielfältigen Bildungs- und Freizeitangebots das Gemeindeleben weit weniger attraktiv, als dies in früheren Jahren noch der Fall gewesen ist.

Im 18. und 19. Jahrhundert kam der Methodismus in viele Länder und auf Kontinente durch den Dienst von Laien, hauptsächlich durch Kaufleute und Soldaten, die an ihren neuen Lebensorten methodistische Klassen gründeten. Erst später haben dann Pastoren und Pfarrer diese Gemeinschaften *geordnet*.

Haben wir in unseren Gemeinden zu viel *Eigendrehung*, ist die missionarische Zentripetalkraft des Evangeliums geschwunden? Haben wir als Kirchenglieder überhaupt noch genügend Außenkontakte in weltlichen Bereichen, in denen wir in Zeugnis und Dienst präsent sind?

5. 23 Kinder sind die Gemeinde auch von heute – nicht erst von morgen.

Nicht wenige Eltern in unseren Gemeinden sind traurig darüber, dass ihre Kinder in der Gemeinde nicht Fuß fassen, sondern sie verlassen. Manche kehren zurück, wenn sie eigene Kinder haben.

Wir müssen uns aber fragen, ob unsere Gemeinden wirklich kinderfreundlich sind, ob wir unsere Kinder nicht instrumentalisieren als *unsere Gemeinde von morgen*. Unsere Kinder sind vielmehr die Gemeinde von heute, zusammen mit uns.

Gehen wir fröhlich und offen auf unsere Heranwachsenden zu, auch wenn sie für uns fremde und auch von uns nicht zu billigende Verhaltensweisen an den Tag legen? Sind unsere Gemeinden für sie Experimentierfeld und Erfahrungsraum für ihr Leben? Sind wir ihnen einfach (glaubhaft?) Vor-Bilder im Glauben, in der Hoffnung, in der Liebe? Bringen wir unseren jungen Menschen Vertrauen entgegen und übertragen wir ihnen Aufgaben, gemäß ihren Fähigkeiten?

Wir müssen uns darüber im Klaren sein, dass wir von unserem Selbstverständnis als EmK her keine Nachwuchskirche, sondern Entscheidungskirche sind, – „Gott hat nur Kinder, keine Enkel.“

5. 24 Wir müssen uns durch unsere Stückwerke nicht entmutigen lassen.

Wir sind in unserem Denken und Planen, unserem Glauben und Handeln nie *ganz*, schon gar nicht perfekt. Gott selbst ist unsere *Ganzheit*. In allem, was wir missionarisch tun, lasst uns Gelassenheit und Mut haben zum *halben Ganzen*, zum Stückwerk, damit wir nicht an unseren Schwächen, an unserer Kraftlosigkeit und unserer Erfolglosigkeit verzweifeln.

An seinem Tag wird Gott unsere Stückwerke zu einem Ganzen zusammenfügen, – aber die *Stücke* dazu wollen wir ihm fröhlich und konzentriert liefern.

5. 25 Dankbarkeit kann man nicht für sich behalten.

Wie drücken wir unsere Dankbarkeit aus, zu Söhnen und Töchtern Gottes und damit zu Brüdern und Schwestern Jesu Christi berufen zu sein (Röm 8, 15-17)? Ist es uns ein Bedürfnis, mit unseren Mitmenschen Freuden und Nöte zu teilen, ihnen zuzuhören und sie dadurch ernst zu nehmen, ihnen von unserer Freude in einem Leben mit Christus zu erzählen? Dann hätten wir Teil an der Mission Gottes für seine Welt und seine Menschenkinder.

5. 26 Ein missionarisch ausgerichteter Mensch ist ein geistlicher Mensch; er lässt sich vom Geist Gottes bewegen.

Spiritualität ist zu einem Modewort geworden; – vieles wird heute *spirituell* vereinnahmt, nicht nur in der Kirche. Wer sich wirklich auf den *spiritus* (lateinisch), den Geist Gottes, einlässt, wird von diesem Geist Gottes bewegt; das betrifft unsere Gotteserkenntnis, unsere Gotteserfahrung, unsere Liebe zu anderen Menschen und unseren Einsatz für Gerechtigkeit.

„Wer in Gott eintaucht, taucht neben dem Armen auf" (Bischof Jacques Gaillot).

Es geht um unseren täglichen Umgang mit Gott, unsere ungezwungene und selbstverständliche Beziehung zu Gott und um unsere von Christus her bestimmte Ausgestaltung all unserer Lebensäußerungen, um „Schwarzbrot-Spiritualität" (Fulbert Steffensky).

5. 27 Wir nehmen die Überzeugungen von Menschen außerhalb des christlichen Glaubens ernst und bemühen uns um ein verständliches Reden über unseren Glauben.

Zeitbeobachter registrieren bei den heutigen Menschen eine neue Suche nach Religiosität. Viele finden Zugänge zu Esoterik oder Buddhismus, zu indischer Meditation oder zu Bachblüten.

Wie ernst nehmen wir solche Suche? Sind wir „bereit zur Antwort vor jedermann, der von uns Rechenschaft fordert über die Hoffnung, die in uns ist" (1 Pt 3, 15)? Für eine Hoffnung, die für uns nicht nur etwas Zukünftiges ist, sondern die Kraft Jesu Christi, die uns im Leben und im Sterben hält.

Religiöse Erfahrungen allein führen noch nicht zu Gott. Zu Gott führt allein der Glaube an den, von dem in der Bibel erzählt wird.

5. 28 Und was könnte oder müsste jetzt getan werden?

Die Arbeiterpriester in Frankreich haben anfangs des vorigen Jahrhunderts einen Handlungsdreischritt entwickelt, den die Basisgemeinden in Lateinamerika übernommen haben:

* Hinschauen: Was geht in unserer Welt vor? Was hat Gott uns mit Jesus Christus geschenkt?

* Beurteilen: Was bedeutet das für uns? Wie und wo will Gott uns haben? Was braucht unsere Welt?

* Handeln: Was ist jetzt dran – für mich persönlich, für uns als Gemeinde / Kirche, in unserer Gesellschaft / Welt?

Dieser Dreischritt fordert unseren Verstand heraus und unser gemeinsames Hören auf Gott im Beten.

Vorschlag für einen Gottesdienst zum Sozialen Bekenntnis und zu den Sozialen Grundsätzen

Hartmut Handt

1 Gottesdienstverlauf

Ansingen unbekannter oder wenig bekannter Lieder

Vorspiel

Votum / Eröffnung

Lied Jesu, tawa pano EM 440

Einführung in den Gottesdienst:

Informationen zur Geschichte und Bedeutung des Sozialen Bekenntnisses und der Sozialen Grundsätze – siehe die Beiträge von Marquardt und Schuler

Lied Heilig bist du, Gott, und treu EM 87

Kyrie (evtl. mehrere Sprecherinnen und Sprecher)

Herr, der du bist vormals gnädig gewesen deinem Lande
und hast erlöst die Gefangenen Jakobs,
der du die Missetat vormals vergeben hast deinem Volk
und alle seine Sünde bedeckt,
der du vormals hast all deinen Zorn fahren lassen
und dich abgewandt von der Glut deines Zornes –
Herr, erweise uns deine Gnade
und gib uns dein Heil. (Ps 85,2-4+8)

Alle: Kyrie eleison EM 455,1

Sieh doch, Gott, auf deine Welt.
Hör auf das Klagen deiner Menschen:
Wie unbarmherzig ist ihr Kampf ums Dasein,
wie unerlöst sind die Strukturen der Gesellschaft,
wie behaftet man sich lebenslänglich
mit dem, was man ist, und mit dem, was man tut.
Sieh doch, Gott,
wie freudlos junge Menschen durchs Leben gehen
und wie verbittert alte Menschen darauf zurückschauen!

Alle: Christe eleison EM 455,2

Gott, wenig Ehre wohnt in unserem Land,
die Public Relation der Wirtschaftsmächte ist hier zu Hause
und das Schönwettergerede der Meinungsmacher.
Korruption und Eigennutz begegnen einander,
Konkurrenzkampf und Menschenverachtung sind miteinander verfilzt.
Gott, deine Hilfe ist fern.
Wer fürchtet dich noch?
Treue und Glauben fallen der Erosion der Werte zum Opfer,
und der Weg zu Frieden und Gerechtigkeit ist eine stillgelegte Baustelle.
Gott, der du vormals gnädig gewesen bist,
sei uns auch diesmal gnädig.
Komm noch einmal zu uns!

Alle: Kyrie eleison EM 455,3

Gnadenwort

Gottes Hilfe ist nahe bei denen, die ihn fürchten,
dass in unserem Land Ehre wohne,
dass Güte und Treue einander begegnen,
Gerechtigkeit und Friede sich küssen. (nach Ps 85,10f)

Lobpreis Gloria EM 458

NT-Lesung: Lk 4,16-21(30)

Halleluja EM 464

Gebet

Guter Gott,
du hast uns Methodistinnen und Methodisten die besondere Verantwortung auferlegt, das Evangelium zu den Menschen zu bringen,
dies aber nicht nur mit Worten, sondern auch mit Taten,
die deiner Liebe zu uns und unserer sozialen Verantwortung entspringen.
Wir wollen dies nicht als belastende Verpflichtung aus der Tradition verstehen, sondern als deinen Auftrag
und als Chance deiner Liebe in unserer Welt.
Mach unseren Verstand und unser Herz dazu bereit und fähig.
Wir bitten dich im Namen Jesu,
der deine Liebe in Wort und Tat zu den Menschen brachte.
Amen.

Anbetung Santo / Heilig EM 470

Predigt

Lied Wenn die Armen, was sie haben EM 599

Fürbittengebet und Vaterunser

(Das Fürbittengebet sollte zunächst Gedanken aus der Predigt aufgreifen, könnte dann Anliegen aus dem Sozialen Bekenntnis aufnehmen und in einem dritten Teil konkrete Themen aus dem Umfeld der jeweiligen Gemeinde nennen. Die Fürbitten können von mehreren Personen gesprochen werden. Zwischen den einzelnen Teilen kann die ganze Gemeinde gemeinsam Gebetsrufe singen, siehe unten 2.1.)

Ankündigung der Opfersammlung

Opfersammlung

Lied Ich, der Meer und Himmel schuf EM 552

Segen Eine/r: Mit euch sei Gottes Segen EM 499,1
Alle: Soziales Bekenntnis EM 771
Alle: Mit uns sei Gottes Segen EM 499,2

Nachspiel

2 Hinweise und weitere Materialien

2.1 Lieder

Die vorgeschlagenen Lieder stammen aus der weltweiten (methodistischen) Ökumene und unterstreichen den globalen Charakter des Bekenntnisses. Wenn und wo möglich, sollten sie auch in den Originalsprachen gesungen werden. Weitere Alternativen sind hier aufgelistet:

Eingangslied	Die Erde ist des Herrn	EM 581
Kyrie	EM 450-454	
Lobpreis	EM 456-457; 459	
Halleluja	EM 464-465	
Anbetungslied	Dir, Gott, sei die Ehre	EM 24
	Herr, deine Güte reicht, so weit der Himmel ist	EM 94
	Die Güte des Herrn hat kein Ende	EM 97
Vor der Predigt	Gott lieh uns liebevoll diesen Planeten	EM 577
	Das Leben braucht Erkenntnis	EM 586
Nach der Predigt	Teilen – wie Menschen auch leben	EM 596
	Die ganze Welt hast du uns überlassen	EM 584
	Für die Heilung aller Völker	EM 597
Gebetsrufe	Dona nobis pacem	EM 494
	Deinen Frieden, Frieden auf Erden	EM 495
	Ubi caritas et amor	EM 571
	Schenk uns Weisheit, schenk uns Mut (nur die letzte Liedzeile)	EM 575
	O Herr, mach mich zu einem Werkzeug	EM 585
	Lass uns den Weg der Gerechtigkeit gehen (nur Refrain)	EM 595
Schlusslied	Geht Gottes Weg	EM 554
	Herr, unsre Welt ist Schöpfung deiner Hände	EM 580
	Die Erde ist des Herrn	EM 581
	Wir rufen zu dir, Herr: Schenk deinen Geist	EM 589
	Lass uns den Weg der Gerechtigkeit gehen	EM 595
Segenslied	EM 487-496 und EM 500-510	

(Weitere Alternativen zu den „liturgischen Gesängen“: Siehe die in der Agende zu den betreffenden Teilen des Gottesdienstes genannten Titel.)

Sollte eine *Vertonung des Liturgischen Textes zum Sozialen Bekenntnisses* vorliegen, so kann diese anstelle des Liedes nach der Predigt gesungen werden. Der neue Text kann auch statt des Sozialen Bekenntnis in Verbindung mit dem Segen gesprochen werden.

2.2 Predigttexte

Psalm 85 (in Auswahl)

Mt 20,1-15

Lk 4,16-21(30)

2.3 Materialien

2.3.1 Text zur Eröffnung (auch als Einleitung zum Kyrie)

Mitten in Hunger und Krieg feiern wir, was verheißen ist: Fülle und Frieden.
Mitten in Drangsal und Tyrannei feiern wir, was verheißen ist:
Hilfe und Freiheit.
Mitten in Zweifel und Verzweiflung feiern wir, was verheißen ist:
Glaube und Hoffnung.
Mitten in Furcht und Verrat feiern wir, was verheißen ist: Freude und Treue.
Mitten in Hass und Tod feiern wir, was verheißen ist: Liebe und Leben.
Mitten in Sünde und Hinfälligkeit feiern wir, was verheißen ist:
Rettung und Neubeginn.
Mitten im Tod, der uns von allen Seiten umgibt,
feiern wir Gottes Gegenwart.

(Quelle: 9. Vollversammlung des Ökumenischen Rates der Kirchen in Porto Allegre/Brasilien, Abendgebet am 15.2.2006, vorbereitet von der Methodistischen Kirche in Bolivien und der bolivianischen Delegation. Der letzte Satz wurde ergänzt.)

2.3.2 Gedanken zu Mt 20,1-15

Die Geschichte ist nach den Maßstäben unserer Gesellschaft wirklich skandalös. Wer sich so verhält wie der Weinbergbesitzer, untergräbt jeden Tarifvertrag. Er untergräbt auch die Arbeitsmoral, denn Leistung muss sich (bekanntlich: „wieder“) lohnen.

Natürlich erhalten diejenigen, die lange gearbeitet haben, genau das, was vereinbart war und was ihnen zusteht. Ihnen wird nichts genommen. Aber dieser Lohn wird entwertet angesichts derer, die für weniger und wenig Arbeit den gleichen Betrag bekommen. Juristisch kann man dagegen nicht argumentieren, moralisch aber schon – was zeigt, dass Recht haben und Recht bekommen nicht immer die oberste Sprosse im Wertesystem darstellen müssen.

Verschärft wird das Ganze dadurch, dass 1. die Arbeitsbedingungen für die Kurzarbeiter besser waren, denn sie mussten nicht in der Mittagshitze arbeiten, und 2. dadurch, dass vermutlich manche (das nehme ich einfach mal an) gar nicht vom Morgen an auf Arbeit gewartet, sondern sich zunächst einen schönen Tag gemacht haben, ehe sie dann irgendwann zum Marktplatz geschlendert sind, um nachzuschauen, ob sie noch eine Kleinigkeit verdienen könnten. Sie kommen auch mit weniger aus. Ihre Anspruchslosigkeit war für die Ankurbelung des Konsums ebenso kontraproduktiv wie ihre Arbeitsverweigerung für den größten Teil des Tages. Dafür sollen sie auch noch belohnt werden?

Die Pointe der Geschichte liegt in dem Betrag, der allen ausgezahlt wird. Es ist genau die Menge, die man braucht, um sein Auskommen für den betreffenden Tag zu haben. Gott gibt uns, was wir zum Leben brauchen. Davon ist des Öfteren in der Bibel die Rede: Gott lässt die Sonne aufgehen über Gerechte und Ungerechte. Das Manna reicht gerade für einen Tag. Jesus fordert in der Bergpredigt zu einem sorgenfreien Leben auf, dass Gott die Sorge für die kommenden Tage überlässt. Wenn über ein Mindesteinkommen gestritten wird, das so viel enthalten soll, dass man davon auch wirklich leben kann, dann ist dies nicht nur vernünftig. Ich meine, es ist auch durch diese skandalöse Geschichte gedeckt, die Jesus erzählt.

Noch ein Hinweis zu dieser vielsagenden Geschichte: Der Neid der Leistungsträger entzündet sich nicht daran, dass andere mehr haben, sondern daran, dass andere genau so viel haben wie sie. Auch darüber nachzudenken, erscheint mir lohnenswert.

(Vers 16 ist in diesem Zusammenhang mit großer Wahrscheinlichkeit sekundär. Er trifft ja auch nicht ganz die Pointe der Geschichte. Deswegen schließt mein Textvorschlag mit Vers 15.)

2.3.3 Segenstext

Der Friede Gottes, der alles übersteigt, was wir zur Sache des Friedens zu denken wagen, halte unseren Verstand wach, unsere Hoffnung groß und mache unsere Liebe stark und unser Herz zur Versöhnung bereit.

(Aus der Ökumene. Quelle: Frieden braucht Gerechtigkeit, Arbeitshilfe 3, Karlsruhe 2007)

2.3.4 Weitere Gebete u. ä.

enthält das von der ACK in Deutschland u. a. herausgegebene sehr empfehlenswerte Buch *In Gottes Hand. Gemeinsam beten für die Welt*, Verlag Otto Lembeck, Frankfurt am Main und Bonifatius Verlag Paderborn 2008.

Didaktische Anregungen zur Arbeit mit den Sozialen Grundsätzen

Lothar Elsner

Das Soziale Bekenntnis und die Sozialen Grundsätze der EmK haben das Ziel, einzelnen Menschen, Gemeinden und Konferenzen der Evangelisch - methodistischen Kirche zu helfen, in ethischen Fragen dem Evangelium gemäß zu urteilen und zu handeln. Das Jubiläum des Sozialen Bekenntnis gibt uns Anlass und eine gute Gelegenheit, durch entsprechende Veranstaltungen in den Gemeinden, Menschen für soziale Fragen zu sensibilisieren, Menschen zur Verständigung über soziale Grundsätze zu befähigen und zu politischer Partizipation und sozialem Engagement zu motivieren.

Im Sozialen Bekenntnis ist die Quelle, Motivation und grundlegende Orientierung des sozialen Handelns ausgedrückt. In den Sozialen Grundsätzen werden zu sechs Lebensbereichen (Natürliche Welt, menschliche, soziale, wirtschaftliche, politische und Welt-Gemeinschaft) grundsätzliche Aussagen gemacht. Diesen sind inzwischen über 50 konkrete Problemfelder und ethische Herausforderungen zugeordnet. (Siehe Inhaltsverzeichnis der SG) Trotz dieser immer weiter entwickelten Differenzierung geben die Sozialen Grundsätze nicht einfach eine konkrete Handlungsanweisung für alle ethischen Entscheidungen des Lebens vor. Dafür ist das Leben zu komplex und weltweit zu verschieden. Um sich in den eigenen konkreten und aktuellen Herausforderungen zu orientieren und zu einem begründeten und engagierten Handeln zu kommen, bedarf es also einer gewissen Mühe der Erarbeitung und Aneignung der Impulse aus den Sozialen Grundsätzen und dem Sozialen Bekenntnis.

Zweierlei erscheint mir deshalb notwendig. Zum einen gilt es, die Sozialen Grundsätze und das Soziale Bekenntnis im Detail wahrzunehmen und dann für das eigene Handeln aufzunehmen. Indem diese wichtige Dimension methodistischer Lehre kennen gelernt und auf den eigenen Kontext angewendet wird, kann auch die Identität der Einzelnen und der Gemeinden als Teil der methodistischen Kirche gestärkt werden.

Dabei reicht es nicht, die Texte genau zu lesen. Vielmehr brauchen wir als Einzelne, als Gemeinden und Kirche sozialethische Kompetenz, um in immer wieder neuen Herausforderungen zu verantwortlichem Handeln zu kommen. Vor einen konkreten Vorschlag für eine Gemeindeveranstaltung stelle ich deshalb sieben Impulse zu der Frage, was sozialethische Kompetenz ist, und deute an, wie dies gefördert werden kann.

1. Ausgangspunkt für die notwendige Suche nach sozialethischer Kompetenz sind weder Werteverfall noch Wertewandel. Vielmehr sind insbesondere die Menschen und die Gesellschaften in Europa in einem Wertepluralismus ohne die Autorität einer verbindenden Tradition gefordert, als Einzelne und als Gemeinschaft gültige Werte zu finden und zu begründen. Der Diskussion und dem Einüben eigener ethischer Begründungen ist für die Förderung sozialethischer Kompetenz deshalb ein hoher Stellenwert in den Veranstaltungen einzuräumen.

2. Evangelische Ethik hinterfragt zuerst alle Selbstrechtfertigung. Sie beginnt mit der Kritik des vermeintlich Guten, z.B. einer allgemeinen Nächsten Liebe, die den Fremden ausschließt. Ideologiekritisch entlarvt sie die Überhöhung oder Verharmlosung partikularer Interessen (z.B. stellt der Vergleich der Benzinpreise mit dem „Brotpreis" eine Überhöhung der partikularen Interessen der Energiewirtschaft an niedrigen Energiesteuern gegenüber dem gesellschaftlichen Interesse am Energiesparen und Klimaschutz dar). Jesu Umgang mit den Geboten in der Bergpredigt (Mt 5,21-48) enthält lehrreiche biblische Beispiele für die Selbstkritik und Ideologiekritik als erstes Element sozialethischer Kompetenz. Durch eine kleine Änderung können die Gebote *verkehrt* werden.

3. Unser Glaube an die Gnade Gottes beinhaltet nicht nur, dass Gott uns trotz der Sünde gerecht *spricht* + annimmt, sondern auch – und das betont der Methodismus – dass wir von Gottes Gnade gerecht *gemacht* werden. Diese Möglichkeit der Verwandlung zu einem Leben in der Liebe, diese Heiligung, die Einzelnen aber auch die Gesellschaft reformieren kann, ist die notwendige Grundlage sozialethischer „Handlungs" kompetenz. Der Glaube an die Veränderbarkeit des Menschen und die Reformierbarkeit von gesellschaftlichen Strukturen ist in dem Optimismus der Gnade begründet. Diesen gilt es durch Geschichten der Umkehr zu fördern, seien es biblische Geschichten, z.B. von Jona und der Umkehr Ninives, Zachäus Umkehr oder aktuellere Geschichten, z.B. von dem Mauerfall oder der Überwindung der Apartheid in Südafrika.

4. Wege erkennt man im Gehen. Sozialethische Kompetenz gewinnt man in der Reflexion des Handelns, nicht im Urteilen am grünen Tisch fern der Praxis. Sozialethische Kompetenz kann man am besten in der Einmischung lernen am konkreten Handlungsfeld (Hospizgruppe, Solardach, Arbeitsloseninitiative, Renaturierung, Oikocredit etc.).

5. Perspektivenwechsel ist ein notwendiger Bestandteil sozialethischer Kompetenz, um nicht von außen und einseitig zu urteilen, sondern von mehreren „Innenpositionen". Wesley bestand ja deshalb darauf, die Armen zu besuchen. (s. M. Marquardt, 3.2.1 Die Sorge für die Armen) Solchen Perspektivenwechsel kann man einüben im Kennenlernen anderer Menschen, in kontroversen Diskussionen mit Betroffenen oder anhand von Fallbeispielen, aber auch im Einüben von Rollen im Theaterspiel.

6. Christliche Sozialethik muss immer Situationsethik sein, um den Menschen gerecht zu werden. Auch die Einhaltung der Gebote muss sich an der Liebe zu den Menschen orientieren. Das Lernen aus Geschichten (z.B. Sabbatheilungen oder „Reicher Jüngling") sollte deshalb immer neben die Gebots- und Verbotslisten (Dekalog, Bergpredigt und auch Soziale Grundsätze) gestellt werden.

7. Christliches sozialethisches Handeln geschieht im Horizont des Glaubens an Vergebung und Vollendung. Das bietet die Chance, auch im Ungewissen und Vorläufigen zu entschiedenem und gelassenem Handeln zu finden. Diese geistliche Dimension kann aus dem Schatz der biblischen Hoffnungsbilder gespeist werden.

Der folgende Entwurf soll helfen, in Gemeinden Veranstaltungen durchzuführen, bei denen die Menschen für die sozialen Fragen ihres Umfeldes sensibilisiert werden, zu einem begründeten Urteil kommen, wofür sie sich engagieren.

Dabei ist es wichtig, Themen auszuwählen, die die Menschen betreffen, in denen sie sich auskennen und in denen sie sich engagieren können.

Zeit	Inhalt
5 min	Begrüßung, Vorstellung des Programms
10 min	„Heiligungsgeschichte“ aus der Bibel oder der Kirchengeschichte; Lied und Gebet (siehe Gottesdienstentwurf von H. Handt)
10 min	Kurze Einführung in die Geschichte der SG + SB (siehe Beiträge von M. Marquardt und U. Schuler)
5 min	Soziale Grundsätze heute – Inhaltsübersicht (siehe Anhang)
5 min	Entweder das Thema wird vorher ausgewählt oder es werden einige Themenvorschläge aus den verschiedenen Hauptbereichen präsentiert und Kleingruppen gebildet, z.B.: 160.2 Energie 161.4 Ehescheidung 162.5 Rechte der älteren Menschen 163.1 Eigentum 164.4 Erziehung und Bildung 165.3 Krieg und Frieden
20 min	Falls die Themen schon vorher festgelegt werden, können möglichst kontroverse Fallbeispiele präsentiert werden
30 min	Arbeit an Thema und Text: (evtl. in Kleingruppen) Abschnitt + Vorbemerkungen lesen Welcher konkrete Bezug fällt uns ein? Welchen Aussagen stimmen wir zu? Was sehen wir anders? Wo müsste man mehr wissen und wen könnte man fragen? Wie will ich handeln? Was können wir als Gemeinde tun? Wie sollte sich die Kirche öffentlich äußern?
20 min	Diskussion der Ergebnisse, Verabredungen zum Handeln
5 min	Gemeinsam den neuen Text zum Sozialen Bekenntnis sprechen

Soziales Bekenntnis 1908

Die Bischöfliche Methodistenkirche steht ein:

- Für Gleichheit des Rechtes und volle Gerechtigkeit gegen alle Menschen in allen Lebensstellungen.
- Für das Prinzip der gegenseitigen Aussöhnung und des Schiedsgerichtes in industriellen Streitigkeiten.
- Für ausreichenden Schutz des Arbeiters vor besonderen Gefahren des Maschinenbetriebes, vor gewerblichen Krankheiten und vor Unfällen.
- Für Abschaffung der Kinderarbeit.
- Für Regulierung der Frauenarbeit zum Schutze der körperlichen und moralischen Gesundheit des Gemeinwesens.
- Für Beseitigung der Hungerlöhne.
- Für allmähliche und vernunftgemäße Verminderung der Arbeitsstunden, auf das mögliche Mindestmaß, mit Arbeit für alle, und Gewährung von so viel freier Zeit an alle, als zur Erreichung des höchsten Lebensideales notwendig ist.
- Für einen Ruhetag aus je sieben Tagen.
- Für einen auskömmlichen Lohn in jedem Industriezweig.
- Für den höchsten Lohn, den jeder Industriezweig gewähren kann, und für die gerechteste Verteilung des Arbeitsertrags, die gefunden werden kann.
- Für Anerkennung der Goldenen Regel und der Gesinnung Christi als höchstes Gesetz der Gesellschaft und das sichere Heilmittel für alle sozialen Übel.

Aus: Lehre und Kirchenordnung der Bischöflichen Methodistenkirche, 1908

Social Creed 1908

The Methodist Episcopal Church stands:

- For equal rights and complete justice for all men in all stations of life.
- For the principles of conciliation and arbitration in industrial dissensions.
- For the protection of the worker from dangerous machinery, occupational diseases, injuries and mortality.
- For the abolition of child labor.
- For such regulation of the conditions of labor for women as shall safeguard the physical and moral health of the community.
- For the suppression of the "sweating system."
- For the gradual and reasonable reduction of the hours of labor to the lowest practical point, with work for all; and for that degree of leisure for all which is the condition of the highest human life.
- For a release for [from] employment one day in seven.
- For a living wage in every industry.
- For the highest wage that each industry can afford, and for the most equitable division of the products of industry that can ultimately be devised.
- For the recognition of the Golden Rule and the mind of Christ as the supreme law of society and the sure remedy for all social ills.

1908 Methodist Social Creed

Soziale Erklärung des Weltrats methodistischer Kirchen 1986 (übersetzt von Reinhold Parrinello und Bernd-Dieter Fischer)

Wir glauben an Gott, den Schöpfer der Welt und aller Menschen, und an Jesus Christus, der Mensch wurde unter uns, der starb und auferstand, und an den Heiligen Geist, der bei uns ist, uns zu leiten und zu trösten.

Wir glauben! Gott, hilf unserem Unglauben!

Wir erfreuen uns an jedem Zeichen des Reiches Gottes:

- am Einsatz für die Würde und die Belange aller Menschen;
- an jedem Ausdruck von Liebe, Gerechtigkeit und Versöhnung;
- an jedem Handeln von Menschen, die sich für andere hingeben;
- am Reichtum der Gaben Gottes, die uns anvertraut sind, damit alle Genüge haben;
- an allem verantwortlichen Gebrauch der Schätze (Güter) dieser Erde.

Ehre sei Gott in der Höhe und Friede auf Erden.

Wir bekennen unsere persönliche und gemeinschaftliche Schuld aufgrund unseres Schweigens oder Handelns:

- durch Verletzung der Würde von Menschen, die wegen ihrer Zugehörigkeit zu einer Rasse, Gesellschaftsschicht, Altersgruppe, Nation, Religion oder einem Geschlecht ausgegrenzt oder verachtet werden;
- durch die Ausbeutung von Menschen aus Habgier und Gleichgültigkeit;
- durch Machtmissbrauch im persönlichen, öffentlichen, nationalen und internationalen Lebensbereich;
- durch Streben nach Sicherheit mit Hilfe jener militärischen und wirtschaftlichen Kräfte, die menschliche Existenz bedrohen;
- durch Missbrauch der Technik, der die Erde und alles Leben auf ihr gefährdet.

Herr, erbarme dich! Christus erbarme dich! Herr, erbarme dich!

Wir verpflichten uns als Einzelne und als Gemeinschaft auf den Weg Christi, darauf:

- das Kreuz auf uns zu nehmen;
- nach Leben in Fülle für alle zu streben;
- um Frieden und Gerechtigkeit und Freiheit zu ringen;
- unser Leben zu wagen für Glauben, Hoffnung und Liebe;
- und wir beten, dass Gottes Reich kommen möge.

Dein Reich komme auf Erden (die Erde), wie es schon im Himmel ist. Amen

Inhaltsverzeichnis der Sozialen Grundsätze der Evangelisch-methodistischen Kirche

Verfassung, Lehre und Ordnung der Evangelisch- methodistischen Kirche (Stand 2008)

III. Die soziale Gemeinschaft (Art. 162)

Soziales Bekenntnis 2008

Verfassung, Lehre und Ordnung der Evangelisch- methodistischen Kirche (Stand 2008)

Wir glauben an Gott, den Schöpfer der Welt,

und an Jesus Christus, den Erlöser alles Erschaffenen,

und an den Heiligen Geist, durch den wir Gottes Gaben erkennen.

Wir bekennen, diese Gaben oft missbraucht zu haben, und bereuen unsere Schuld.

Wir bezeugen, dass die natürliche Welt Gottes Schöpfungswerk ist.

Wir wollen sie schützen und verantwortungsvoll nutzen.

Wir nehmen dankbar die Möglichkeiten menschlicher Gemeinschaft an.

Wir setzen uns ein für das Recht jedes Einzelnen auf sinnvolle Entfaltung in der Gesellschaft.

Wir stehen ein für das Recht und die Pflicht aller Menschen, zum Wohl des Einzelnen und der

Gesellschaft beizutragen. Wir stehen ein für die Überwindung von Ungerechtigkeit und Not.

Wir verpflichten uns zur Mitarbeit am weltweiten Frieden und treten ein für Recht und Gerechtigkeit

unter den Nationen.

Wir sind bereit, mit den Benachteiligten unsere Lebensmöglichkeiten zu teilen. Wir sehen darin eine

Antwort auf Gottes Liebe.

Wir anerkennen Gottes Wort als Maßstab in allen menschlichen Belangen jetzt und in der Zukunft.

Wir glauben an den gegenwärtigen und endgültigen Sieg Gottes.

Wir nehmen seinen Auftrag an, das Evangelium in unserer Welt zu leben.

Amen

Liturgischer Text zum Sozialen Bekenntnis 2008

(beschlossen von der Generalkonferenz 2008)

God in the Spirit revealed in Jesus Christ, calls us by grace

to be renewed in the image of our Creator, that we may be one in divine love for the world.

Today is the day
God cares for the integrity of creation, will the healing and wholeness of all life, weeps at the plunder of earth's goodness.

And so shall we.

Today is the day
God embraces all hues of humanity, delights in diversity and difference, favors solidarity transforming strangers into friends.

And so shall we.

Today is the day
God cries with the masses of starving people, despises growing disparity between rich and poor, demands justice for workers in the marketplace.

And so shall we.

Today is the day
God deplores violence in our homes and streets, rebukes the world's warring madness, humbles the powerful and lifts up the lowly.

And so shall we.

Today is the day
God calls for nations and peoples to live in peace, celebrates where justice and mercy embrace, exults when the wolf grazes with the lamb.

And so shall we.

Today is the day
God brings good news to the poor, proclaims release to the captives,
gives sight to the blind, and sets the oppressed free.

Literaturhinweise

- Bath, Rainer: Methodismus und Politik. Die sozialen Grundsätze der Evangelisch-methodistischen Kirche als Ausdruck ihres politischen Engagements. Stuttgart 1994 [Theologische Studienbeiträge, Bd. 6].
- Klaiber, Walter/ Marquardt, Manfred: Gelebte Gnade. Grundriss einer Theologie der Evangelisch-methodistischen Kirche. Göttingen 32006.
- Manfred Marquardt, Praxis und Prinzipien der Sozialethik John Wesleys, Göttingen, 3. überarbeitete Auflage, 2008
- Gorrell, Donald K.: Methodist Federation for Social Service and the Social Creed. In: Methodist History 13 (1975), S. 3-32.
- Ders.: The Social Creed and Methodism through Eighty Years. In: Methodist History 26 (1988), S. 213-228.
- Voigt, Karl Heinz: Arbeitshilfe für Gruppengespräche zum Sozialen Bekenntnis der Methodistenkirche. Frankfurt a.M. 1964.

s.a. Homepage der **G**eneral **C**ommission on **A**rchives and **H**istory der UMC: www.gcah.org zum Thema „Heritage Sunday 2008" (verschiedene Artikel auch als Download-Datei).

- Soziale Grundsätze und Soziales Bekenntnis in der aktuellen Fassung im Internet verfügbar: *www.emk.de/emk_soziale_bekenntnisse.html.*

Autoren und Autorinnen:

Dr. Lothar Elsner, Pastor, Leiter des Bildungswerks der EmK, Stuttgart

Christine Guse, Pastorin, Eisenach

Hartmut Handt, Pastor i.R., Köln

Ulrich Jahreiß, Pastor i.R., Sekretär des Forums für sozialdiakonische Ethik in der EmK, Nürnberg

Prof. Dr. Manfred Marquardt, Pastor und Dozent i.R., Reutlingen

Martin Roth, Pfarrer i.R., Olten/Schweiz, Vorsitzender der Europäischen Kommission „Church and Society“

Prof. Dr. Ulrike Schuler, Dozentin am Theologischen Seminar / Fachhochschule, Reutlingen